村井康彦著

茶の文化史

岩波新書

89

はしがき

虚構性

茶の湯について語るとき、わたくしはしばしば次のような質問からはじめる。お茶はどんな飲み方をしてもよいであろうに、あなた方はどうしてわざわざあのような作法で飲むのであるか、と。この場合の「あなた方は」は、むろん「日本人は」と置きかえてもよい。おそらくこの種の質問は、茶の湯に無理解というより、むしろあるていどの関心をもつ日本人ならひとしく抱く、共通する疑問に支えられていると思う。

あのような作法——亭主と客人との双方に求められるある種の儀礼作法——をここでかりに「茶礼《されい》」と呼ぶなら、それに対して多少とも心理的な抵抗が働くのは、茶礼に認められる作為性とか虚構性のせいではなかろうか。緑茶・紅茶を問わず外国にも茶を飲む上でのルールやエチケットはあっても、茶室・茶庭その他の装置、道具立てまでするのはわが国だけのものであろう。その意味で茶の湯は、もっとも日本的な文化現象であり、形式であると思われる。

茶の湯の虚構性ということについて、もう少し考えておきたい。

茶の湯が喫茶というきわめて日常的な行為を虚構化したところに成立する、ということは、その行為を日常性の次元に戻した時には成立の根拠を失うことを意味している。いいかえれば、どんな飲み方をしてもよいであろうに、という主張——日常性の論理——が罷り通ったら、その時点で茶の湯はたちまち茶の湯でなくなってしまうということである。茶礼は最少限度の枠組みなのである。茶の湯は、日常性と虚構性のはざまにこそ存在する文化形式である、といえると思う。そのことを岡倉天心も『茶の本』(The Book of Tea)のなかでこう述べている。「茶道とは日常生活の俗事のなかに見出されたる美しきものを崇拝することに基く一種の儀式である」と。簡にして要を得た定義づけであったといえる。

そしてわたくしは、茶の湯がもつこのような構造や特質——それを具体的に追究するのがこれからの目的なのであるが——に示される文化を「生活文化」と呼ぶことにしたい。つまりここでいう生活文化とは、衣食住など生活上の利便が時代とともに増してくるといった意味ではなく、そうした日常生活を虚構化しそれを楽しむ傾向のことをいう。

たとえば京料理でもよい。食べるという日常行為、生命維持のための動物的ともいえる行為——そのために食料を加工することが「料理」だとしても、素材の味や色彩を生かすために味付けや盛合せを考え、それにふさわしい器を用意して季節感を出す。京料理は、茶会席料理を母胎として中世末から江戸時代にかけて発展したものであるが、そこに見られるのは一種の日常性離れであろう。「遊び」といってよいかも知れない。ここでは生活を、実用性・日常性において受けとめるのではなく、むしろ虚構性・非日常性の次元で楽しんでいる。そうした習性を、いいわるいというより前に、日本人のもつ文化の問題として理解しようというわけである。わたくしはその典型が茶の湯であったと考えている。

寄合性　こうしたことが茶の湯のもつ第一の特質とするなら、第二には、茶の湯のもつ「寄合性」といったことが指摘できると思う。むろんこの両者は相互にふかいかかわりがあり、先にあげた茶の湯の儀礼性＝茶礼も、寄合のなかで形成されたものであった。

この寄合性にも二つの意味があったように思われる。

一つは、複数の人間が集まることで成り立つという、単純な意味での寄合性で、芸能は大なり小なりこれを要件としているといってよい。しかし鎌倉末期から南北朝・室町初期にかけて「茶寄合」が流行し、これが「連歌会」とともに「過差の振舞」としてときに禁制の対象とされたのには、それ相応の時代的な背景があったとしなければなるまい。本文でもそのあたりの事情を考えてみたい。

二つは、これを寄合性のもついわば量の問題とするならば、むしろ日本の文芸・芸能を特質づけるものとしての寄合性、換言すれば質の問題として取り上げられるものがあるように思う。

それに関してわたくしは、メキシコ人のオクタヴィオ・パスが連歌の実験的な試みにおいて羞恥感を抱いたという話を大変興味ぶかく思う。パスが、エドアルド・サングィネティ（イタリア人)、チャールズ・トムリンソン(イギリス人)、およびジャック・ルーボー(フランス人)とパリのホテルに五日間閉じ籠り、連歌という詩形を試みたのであるが、その際次のような実感を抱いたというのである(橋本綱訳、ただし大岡信『本が書架を歩みでるとき』による)。

――羞恥感。私は他の人たちの前で書き、彼らは私の前で書く。何かしら、カフェで素裸になるとか、外国人の前で排泄したり、泣いたりするような感じ。日本人は、公衆の前で裸になって入浴するのと同じ理由、同じ流儀で《連歌》を考えだしたのである。われわれにとっては、浴室ものを書く部屋も厳密にプライベートな場所であり、そこへは一人で入って、あまり自慢出来ないこと、あるいは輝かしいことをかわるがわる行う。……

連歌は発句から揚句まで一定の約束のもとに歌を連ねる文芸で、それを寄合った複数の人間(連衆)が行なうところから、しばしば「座の文学」というふうに称されるが(たとえば尾形仂『座の文学』)、パスの言葉には、いわば「個の文学」の伝統のなかにある欧米人の、「座の文学」に対するとまどいが端的に表明されている。書斎にこもり自我に沈潜することによってつくられるのが個の文学とするなら、座の文学では寄合のなか会衆の前で、それこそ苦吟するおのれの姿もさらけ出さなければならない。この、創作の過程を他人に見られることへの心理的抵抗が、人びとの前で入浴し排泄するほどの羞恥心をさそうのだとするパスの実感は、われわれにもよくわかる。かれにとって連歌のような座の文学は日常性の次元に属するものであったにちがいないからである。

一座建立 一期一会

つまりこうした寄合＝座の文学は、個人で完結するのではなく、会衆おのおのが創作の部分にかかわり合い、その過程を共有するところにその特質があったわけである。そこでこうした特性を、まさにその座にある点に求めて「当座性」ということもできる。そしてこの当座性は、主客同座し、相互のかかわりのなかでもたれる茶の湯において、さらに顕著であったといえると思う。しかしこのような寄合性・当座性においては個は全体のなかに埋没し、個我の自立が認められないとして、近代以前のものとみなしてよいものかどうか、価値判断を下す前に、文化論の領域に属する問題として受け止める必要があるように思われる。日本人の書斎が中世書院造の部屋としてはじまったことは知られる通りであるが、書院の部屋は思索の場というより接客・遊宴の場、いわゆる「会所」であったことを、この際想起しておきたい。寄合の文学・芸能は、まさしく会所の文芸・芸能として成立し、洗練されたのであった。

しかも、寄合性や当座性は、人と人とのかかわりに他ならなかったから、そこではしばしば寄合＝座を成り立たしめるための心遣いや振舞いといったものが重視され、これがまたわが国文芸・芸能の特質を形づくったように思われる。その場が成り立つこと、成り立たせることを中世人は「一座建立《いちざこんりゅう》」といったが、そのための心掛けとして自覚されたのが、戦国時代、『山上宗二記』に初見する「一期《いちご》一会《いちえ》」――一生に一度しか会えないと思って誠意を尽す――という観念ではなかったろうか。ここに至れば美意識よりも倫理が求められている。そしてこれこそが前述来の寄合性、ことに茶の湯の世界におけるそれの論理的帰結であったと思う。茶の湯が「遊興性」と「求道性」の間にゆれ動きつつ展開したことの意味も、そのように考えればおのずから諒解されよう。

わたくしは以上のような理由で、寄合性と虚構性の二つが具有されたとき、茶の湯が成立したと考えている。

茶の湯以前

ところで茶の湯のことを語るとき、わたくしの好んでするもう一つの質問がある。抹茶や煎茶など緑茶と紅茶とは、同じ茶の木でしょうか、違うのでしょうか。

その反応はほぼ決っているようである。何をいまさら、といった顔をする人と、さてどうなんだろうと首をかしげ、自信なさそうな顔をする人と。そして前者に対しては無用の質問だったかなといささか恐縮し、後者を見ては、どっちでしょう、どっちかなんですがね、などと答えを強要しながら内心楽しんでいる。

同じである、というのが正解である。したがって、たとえば世界でもっとも紅茶の生産量の多いインド・アッサムの茶で緑茶をつくろうと思えばつくれるのである。両者の差異は、生産過程において醱酵させるか(紅茶)、醱酵させないか(緑茶)の違いだけである。緑茶か紅茶か、その分岐は、風土と経済と技術が決定したといってよい。それにしても地球上を紅茶文化圏と緑茶文化圏とに大別した場合、イギリスと日本という、対極に位置する二つの島国がそれぞれの中心となっているのも興味深い事実ではある。

紅茶といえばコーヒーが連想されてくる。しかし正確にいえば、コーヒーの種子でつくるコーヒーは、飲みものではあっても「お茶」(Tea)ではない。ところがわが国の場合、抹茶が出ない、というより抹茶と無縁の喫茶店はあっても、コーヒーを出さない喫茶店はまず存在しないであろう。かつて「一服一銭」という形で庶民の間でも飲まれた抹茶だが、こんにちでは嗜好品のなかで占める比重はむしろ低下しているのかも知れない。こうした飲み物、嗜好品を人類学的視野で考察すれば、それ自体で一つの文明論となるであろう。また藤岡喜愛氏は緑茶・紅茶・コーヒーのいずれもがカフェインをふくみ覚醒剤的効用をもつ点で共通するところからこれをナルコティックス(飲むことによって精神状態をかえ、幻覚を誘発するもの)の観点から検討されたことがあるが、茶の湯を考える場合、こうした精神人類学的な視点も必要と思われる。

視野に入れておく必要があるといえば、諸民族の間で見られる、茶以外の草木の葉茎が嗜好品として用いられている事実も看過できない。いわゆる代用茶がこれであるが、わが国でも地域や階層によっては、この代用茶しか飲まない人びとも少なくなかったのである。たとえば浜《はま》茶《ちゃ》というのは河原決明《かわらけつめい》という豆科の草の葉や枝・莢《さや》を乾燥し、それを煎じて飲む代表的な代用茶で、ところによっては「かあか茶」とか「こうか茶」と呼ばれたが、これを「弘法茶」ともいったのは、中世に至ってひろく庶民信仰の対象となった弘法大師空海にふさわしい呼称といえよう。その他「あおはだ」(もちのき科)や「たらよう」(同科)などの若葉も用いられていた。茶の湯を考える場合、こうした茶の湯以前というか以外の世界を忘れてはいけないと思う。その意味では、茶の民族学や民俗学、あるいは茶の地方史といったものが考慮される必要があろう。

しかしそれにしても「茶の湯」はなぜ「抹茶」であったのだろうか。飲茶のうちなぜ抹茶についてだけ茶礼がつくられ、それをもつ場や装置が種々考案されたのか。江戸後期、抹茶界を批判する形で発展した「煎茶」の世界でも儀礼化が進みこんにちに及んでいるが、その装置や道具立てにおいて抹茶に比すべくもない。これは両者の優劣でいっているのではない。しかも本家である中国ではいつしか廃れて、なぜ日本で独自の展開をとげたのか。考えてみれば不思議なことである。

わたくしは、以上述べたようなことを念頭におきつつ、これから茶の湯というものを考えて行きたいと思う。しかし、一つには、わたくし自身その歴史的研究を通して茶の湯を考えて来たものであること、二つには、歴史的考察を欠いた茶の湯論がしばしば観念論に陥りがちであったこと、の二点から、本書では、茶の湯の本質を歴史的な発展変化のなかにとらえ、それを通して日本文化の特質といったものを考えるようすがとしたい。

目次

一　茶の湯以前

1　東亜半月弧の茶

山茶のこと

いまでもこの日本列島のあちこち、ことに僻地の山間部では野生の茶樹を見ることができる。そこでこれを茶園での栽培茶に対して「山茶」(ヤマチャとかな書きすることが多い)と呼んでいるが、当然予想されるように、この山茶をめぐり、日本列島に自生したものとする自生説と、それを否定する考え方(伝来説)とがあり、必ずしも決着はついていない。

そうしたことの判断は植物学や育種学といった分野の研究成果にまつ以外にはないが、近時の趨勢としては自生を否定する説の方が有力なようである。山茶を日本全国にわたって調査した松下智・橋本実・小川英樹氏らは、山茶と栽培茶との間に形質(葉の形・長さ・幅など)上の差異がほとんど見られないこと、また山茶の分布が、集落周辺の耕地や採草地あるいは焼畑農耕跡地のように、かつてそこを何らかの形で利用し人工的な手の加えられた地域に限られていて、一次林地帯には生育していないこと、山茶の分布する所には伝統的に製茶の歴史があること、などを指摘し、山茶とはかつて栽培された茶の野生化《エスケープ》したものであると推断している(松下

インド・アッサムの茶摘み(メレング茶園)　葉が大きい．背後は日蔭樹

『日本茶の伝来』、橋本『地方茶の研究』など)。これによれば自生説は否定されるわけである。

松下・橋本氏らの判断は、日本だけでなく中国やインドをはじめとする東南アジア各地の茶の調査に基づいているだけに説得力をもつが、そうした視野の広がりのなかで日本列島の茶を理解する場合、逆に自生説の可能性が大きくなってくる要素もある。それは植物分布の上でこの日本列島は、西半分ではあるが、朝鮮南部をへて中国南部の四川・雲南、さらにインド・アッサムに至る地帯――いわゆる暖温帯照葉樹林帯に属し、茶はその照葉樹の一種であったからである。

照葉樹林文化と茶

照葉樹とは、葉皮がテカテカ光るカシ・シイ・クスノキなどのような樹木のことで、茶はそうした照

焼畑(熊本県五木村)　手前は茶の木

葉樹の下生えの木であったとされている。

ところで最近この照葉樹林帯とその植生に規制された文化―照葉樹林文化が、いわば日本文化のルーツを探る目的から注目されるようになった。たとえば近時縄文時代にも遡及して考えられつつある水稲耕作の起源を、その前段階に焼畑農法の存在を考え、それとの関連で理解しようとする見方などもそれである。焼畑農法とは山腹の樹木を焼いて耕地をつくり、ヒエ・アワなどを栽培するもので、数年で地味が衰えるので次つぎと場所を移動して行くことになる。こうした農法が水稲耕作の母胎になったとする、主として人類学者の唱える説は、必ずしも考古学者の理解とは一致していないが、焼畑農法こそ照葉樹林帯の特徴的な農業であり、たしかにわが国でも最近まで各地で行なわれていた。そして焼畑といえば先にもふれたように、そのあとには、いまでも必ずといってよいほど山茶を見ることができるのである。生命力の強い茶の木は、樹木を焼いたあとでもすぐに芽を出すのであった。

しかしその山茶は自生茶ではない、というさきほどの指摘にここで戻ってしまえば、議論は限りなく循環しはじめることになる。わたくし自身は、自生の可能性は残しつつも、茶法の伝来説をとりたいと思う。かりに茶が自生していたとしても、そのこととこれを飲料として用いる知恵(文化)とは必ずしも同じでないし、その文化は外来——中国から伝えられた——のものと考えるからである。この点についてはのちにあらためてふれる。

南方の嘉木

ところでその中国において茶は「南方の嘉木《かぼく》(よい木)」と称されていた。唐代の人、陸羽《りくう》の著わした『茶経《ちゃきょう》』の冒頭に述べる言葉で、唐代にはかなり普及していた茶の栽培と飲茶の風が、もともとは南方から伝わったものと認識されていたことを示している。こんにち中国では東北部・内モンゴル・西北部・チベットを除く全地域で茶がつくられているが、ことに福建・浙江の二省をふくむ中部・南部が中心である。文献の上でも南部の四川あたりが茶の産地として早く現われ、それが華中に伝わったのは、漢の武帝により四川や雲南地方が支配下に組み入れられるようになって以後のことと考えられている。したがってその時期は紀元前代にまで遡るわけである。

陸羽のいう南方が具体的にどの地域をさすのかは明らかでないが、おそらく右の四川や雲南

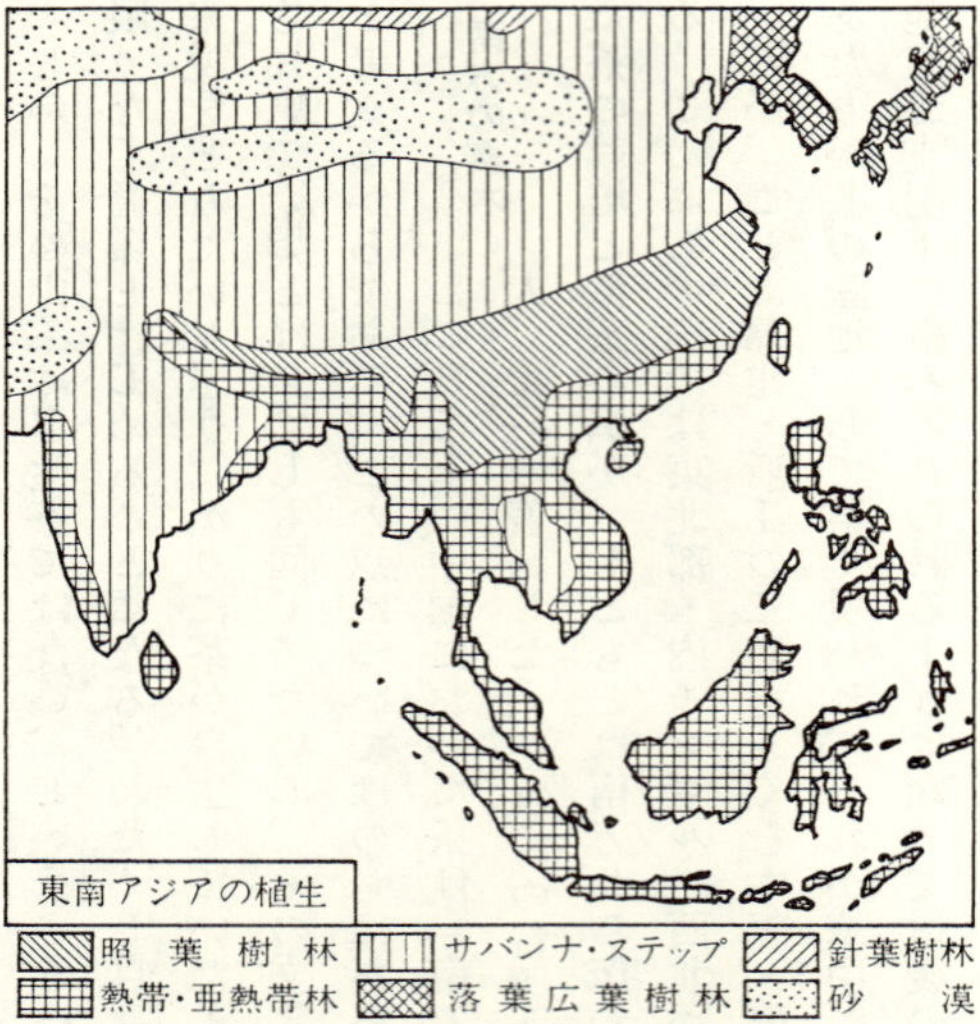

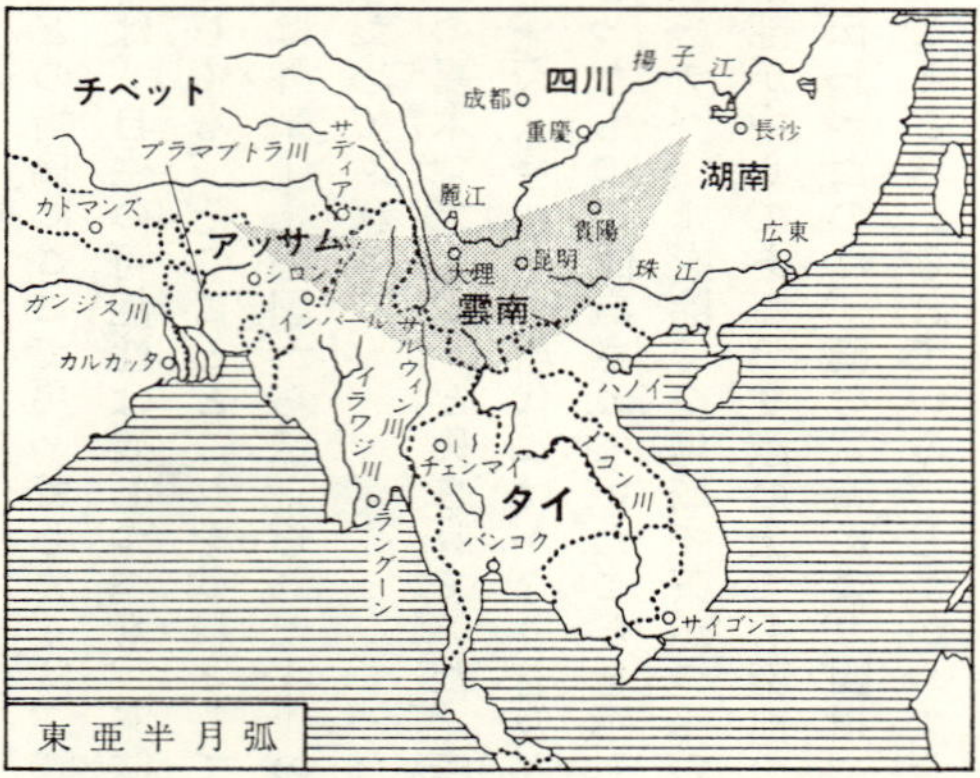

（上山春平・佐々木高明・中尾佐助『続・照葉樹林文化』中公新書，所収）

あたりのことではなかったろうか。しかもこのあたりからインド東北部のアッサムにかけての山岳・丘陵地帯は、暖温・多雨という茶の生育にもっともふさわしい自然条件にあり、茶のふるさとではないかとも考えられている。茶ばかりではない。照葉樹林文化に着目した中尾佐助氏は、西日本からアッサムに至る照葉樹林帯のうち、もっとも中核となるのがこの四川・雲南・アッサムという地域であると見て、古代メソポタミヤ文化の発祥地、チグリス・ユーフラテス川流域を「肥沃なる半月地帯」(Fertile Crescent)といったのになぞらえ、この地域をいみじくも「東亜半月弧」(East Asia Crescent)と命名された。してみれば茶は、この東亜半月弧を原産地とする、まさしく南方の嘉木であったことになる。ただし誰もまだこの半月弧をそういう認識で訪れたものはいない。だから正確にいえば、東亜半月弧の茶はなお幻の存

アッサム茶の原木(トクライ茶業試験場)

在なのである。

前ページに掲げた写真は、茶のふるさとを求めてアッサムを訪れた折り、トクライの茶業試験場で見かけた、高さ六、七メートルに及ぶアッサム茶の原木である。東亜半月弧にはこれに何倍かする茶樹が繁茂しているのであろうか。

茶と茶　中国において漢民族が南方地域から茶(チャ)を受け入れたとき、その植物を表現するのに用いたのが「荼」(ト・タ)の字で、のちに一画を省いて「茶」に改めたと考えられている。紀元前五七年に遡る中国の『僮約《どうやく》』には、「荼を烹る」「荼を買う」と、両方の文字が見られ(青木正児『中華茶書』)、荼についてはこれが最も早い時期の文献であるが、一方の荼は「苦菜《にがな》」のことであって茶ではないとする理解もあって、ことは簡単でない。

こうした茶の呼称に関しては橋本実氏が各国における茶の呼称を整理し二つのグループに分けられたのが興味をひく。それによれば、別表のように、「cha」と「te」の二つに大別され、これはそれぞれ広東語と福建語の系統を引くものだというのである。cha は茶、te は荼であろう。そして橋本氏によれば、cha は陸路を北へ北京、朝鮮、日本あるいはモンゴルへ、西へはチベット、ベンガル、ヒンディーから中近東をへて、一部東欧圏に及んだものであり、他方 te はヨーロッパにひろがっているが、これは福建省のアモイと直接貿易を始めたオランダの影響が強く、茶の製品がはじめてヨーロッパに渡ったのは、一六一〇年、オランダの東インド会社の

広東語系(陸路)			福建語系(海路)		
広東	cha	(チャ)	福建	te	(テ)
北京	cha	(チャー)	マレー	the	(テー)
朝鮮	cha	(チャ)	スリランカ	they	(テーイ)
日本	(sa)	(サ)	南インド	tey	(テイ)
モンゴル	chai	(チャイ)	オランダ	thee	(テー)
チベット	ja	(ジャ)	イギリス	tea	(ティー)
ベンガル	cha	(チャー)	ドイツ	tee	(テー)
ヒンディー	chaya	(チャーヤ)	フランス	thé	(テ)
イラン	cha	(チャ)	チェコ	te	(テ)
トルコ	chay	(チャイ)	イタリー		
ギリシャ	ts・ai	(チャイ)	スペイン	te	(テー)
アルバニヤ	cai	(チャイ)	ハンガリー	tea	(テァ)
アラビア	shay	(シヤー)	デンマーク		
ソ連	chai	(チャイ)	スウェーデン	te	(テ)
ポーランド	chai	(チャイ)	ノルウェー		
ポルトガル	cha	(チャ)	フィンランド	tee	(テー)

各国における「茶」の呼称(橋本実氏作成)

手による。そしてヨーロッパに伝わった茶はまずオランダ人やイギリス人に受け入れられて普及し、やがて北欧にまで拡がったものという。後者の te の場合、ヨーロッパではイギリスを中心に紅茶が主となったことから、これがこんにち紅茶を意味する Tea になったことはいうまでもない。

cha と te、つまり茶と茶という二つの呼称が二つのルートによって特徴的なひろがりを示したとする橋本氏の指摘は大変興味ぶかいが、氏はさらに、広東と福建という隣り合わせの土地でありながら違う発音をするようになった理由を考え、それは南方族である苗族《メオ》が茶のことを tsuaʼta(ツアータ)と発音することに由来するのではないかと推定している。それがチャとタ(ト)とに分裂したと見るわけである。それならば中華には両様の呼称が入ったとも考えられる。当否は別としても、今後苗族など中国南部の山岳地帯に住む少数民族の茶の民族学的・言語学的な研究によって解明されることを期待しておこう。

『正倉院文書』の「茶」

さてそんなわけで中国における「茶」の扱いはなお微妙で、陸羽の『茶経』まで降ると「茶」に落ち着いている。ところがそれと同じ問題が、陸羽の時代より少しあとのわが国でも見られるのである。『正倉院文書』(『大日本古文書』所収)に所見する茶の字がそれで、林左馬衛氏の整理されたところによると、天平六(七三四)年から宝亀二(七七一)年の間、四十通の関係文書があり、いずれも写経生の食料として買い求めたもので、「茶十五束　直十二文」とか「茶七把　価銭五文」などと記されている。天平の盛期、写経が国家的な事業として進められたことについてはあらためて述べるまでもないが、そのために置かれた機関が写経司(所)であり、写経生の食料として求めた茶の代価を写経司(所)から上級官司へ請求したのが、これらの文書(写経所解《げ》)であったというわけである。もしこれが茶であるならば、天平の写経生たちは眠気ざましに茶を飲みながら仕事をしたことも考えられる。後年鎌倉末期元亨元(一三二一)年のことになるが、『軍茶利明王法』という聖教を写し終えた金沢称名寺の僧は、その奥書に、「七碗之茶後伏㆓睡魔㆒、九枝之灯前終㆓書功㆒訖」と記したものである(『金沢文庫古文書』)。

しかし天平の茶は、おそらく茶ではない。それは文書のなかで、茶の前後に書き上げられてあるものがいずれも野(蔬)菜類であり、茶も野菜と見た方がよいと思われること、一、二、三の文書でその数量を「石」と表示したものがあるが、大部分は「束」「把」で表わしており、束ねた野菜であったと推測されること、などの理由による。惣じて値段が安いのも、平安時代のあり方から考えての推測であるが、茶の代価というにはふさわしくない。

わが国で茶が登場するのは、九世紀のはじめ、平安初期のことであった。

2 唐風の茶興

永忠のこと

延暦二十三(八〇四)年七月、九州肥前田浦《ひぜんたのうら》(五島列島)から遣唐船団が出帆した。遣唐船のことを「四《よ》つの船」というように、このときも四艘で出立したが、しかし苦難の末中国へ渡ることができたのは二艘だけであった。大使藤原葛野麻呂以下、空海・橘逸勢ら二十三人の乗る第一船と、判官菅原清公以下、最澄たち二十七人の乗る第二船とである。一行は相前後して長安に入り、この年十二月二十四日、葛野麻呂らは時の皇帝徳宗に国書および貢物を献じ、翌日謁見している。

このとき最澄は別行動をとっていて長安にはいなかったが、一行を歓迎してくれたのが西明寺にいた永忠である。南都系の僧で、三論宗の学匠であったが、宝亀年間（七七〇―七八〇）の遣唐船（宝亀八年および同十年の二度渡っているが、そのいずれかは不明）であるから、かれこれ在唐生活も三十年に近かった。懐かしさも加わって日本から来た留学僧たちの面倒を見ている。ちなみに空海は、葛野麻呂以下一行が翌年二月十日長安を出立して帰国の途につくや、それまで葛野麻呂らといた宣陽坊の宿所を引き払い西明寺へ移っている。空海はもう一年ここに留まり、勉学することとなる。

帰国する一行のなかに永忠の姿があった。すでに六十三歳、おそらく故国へ帰るには最後の機会と見たのであろう。帰国した永忠は翌年正月、最澄らとともに年分度者《ねんぶんどしゃ》を与えられ、ついで桓武天皇の創建になる近江梵釈寺に勅命を蒙って入っている。帰朝僧として鄭重な扱いを受けたことは、そのご僧位僧官をのぼり、弘仁七（八一六）年四月に没したとき、これを傷む嵯峨天皇の御製（『文華秀麗集』）があることによってもうかがわれよう。

歴史上それほど著名でもない永忠のことを述べて来たのは、他でもない、この永忠こそわが国における茶の歴史の第一ページに登場すべき人物と考えているからである。その三十年に及ぶ在唐生活の間、茶を日常的に飲んでいたことは十分考えられるところで、一時期ながら平安初期、宮廷貴族の世界で昂揚した喫茶の風は、永忠をはじめとする入唐帰朝僧らによってもたらされたものとしか考えようがないのである。

ところでこの永忠は、帰朝した翌年の大同元(八〇六)年六月、朝廷に言上し、公私の斎会における飲食の麁《そ》悪《あく》を指摘したことがある。飲食は悪く、口に入れることもできない。これでは福を招くどころか、かえって悪感情を起こすばかりである、といい、斎《とき》を設ける日は、必ず飲食は豊濃にすべきである、と請うたものである(『日本後紀』)。通常こうした飲食や服装などに関してはその過差が問題とされることはあっても、永忠のような申し入れをした例を他に聞かない。これは帰朝間もない永忠の一種の気負い、いうならば唐風《からぶり》の振舞いであったように、わたくしには思われる。そんな永忠にとっては、茶こそ唐風の風俗であったにちがいない。

弘仁六(八一五)年四月十五日、韓(唐)崎に行幸する嵯峨天皇を梵釈寺に迎えた際、門外においてみずから煎じた茶を献ずるという行為がそれである。

このときのことを『日本後紀』はつぎのように記している。

近江国滋賀韓崎《からさき》に幸す。便《すなわ》ち崇福寺を過ぐ。大僧都永忠・護命《ごみょう》法師等、衆僧を率い、門外に迎え奉る。皇帝輿を降り、堂に昇り、仏を礼す。更に梵釈寺を過ぐ。輿を停めて詩を賦す。皇太弟(のちの淳和天皇)および群臣、和し奉るもの衆《おお》し。大僧都永忠、手自ら茶を煎じて奉御す。御被《おんかずけ》を施さる。即ち船に御し湖に泛《うか》ぶ。国司、風俗歌舞を奏し、五位已上ならびに掾《じょう》以下に衣被を賜う。史生以下郡司以上、綿を賜うこと差あり。

これによれば、一行はまず崇福寺(当時永忠が梵釈寺とともに検校していた)で永忠や護命以下衆僧の出迎えをうけ、堂に昇って仏を礼したあと、梵釈寺にも立ち寄り、君臣奉和の詩賦のひと時をもっている。永忠が煎茶を献じたのは、そうした詩宴のあとでのことだった。

詩と音楽と茶と

九世紀前半期の嵯峨朝がいわゆる唐風文化の昂揚した時期であったことは、このような詩会の盛行やそれを収めた『凌雲集』『文華秀麗集』あるいは『経国集』といった漢詩集が勅撰されたことをはじめ、平安京の左京・右京をそれぞれ洛陽(城)・長安(城)と名づけ、各種建造物の名称を唐風に改めていることにもうかがわれよう。この改名は、最澄・空海らを運んだ遣唐使の一人、菅原清公の進言にもとづくものであったというから、入唐して得た新知識をそのままに実現した、まさしく唐風趣味そのものであった。

喫茶の風は、そういう唐風文化の一端をになうものとして嵯峨朝の弘仁年間に昂揚したのである。漢詩のなかにしばしば茶がうたい込まれていて、その雰囲気を味わうことができる。たとえば弘仁五(八一四)年四月二十八日、二条南、西洞院西にあって京城の奇観といわれた藤原冬嗣の邸宅、閑院《かんいん》に幸して遊宴のひと時をもった嵯峨天皇は、こう賦している(『凌雲集』)。

詩を吟《ぎん》じて香茗《こうめい》(茶)を搗《つ》くを厭《いと》わず
興に乗りて偏《ひと》えに雅弾《がだん》(琴)を聴《き》くべし

またこの折りのものであろう、『文華秀麗集』には皇太弟(淳和)の詩がある。

此の院もとより人事稀《まれ》なり
況んや水竹つねに閑《かん》を成すをや
春を送る薔棘珊瑚《しょうきょくさんご》の色
夏を迎うる巌苔玳瑁《がんたいたいまい》の斑《まだら》
景《ひかり》を避けて風を追う長松の下《もと》
琴を提《ささ》げて茗《めい》を搗《つ》く老悟(古桐)の間
知りぬ鸞鴐《らんが》囂《ごう》を忘るる処を貪《むさぼ》りたまうことを
日は西山《せいざん》に落つるも還らむことを解《し》らず

同じ年の八月十一日には、その皇太弟の池亭に幸し、文人に詩を賦さしめたが、天皇自身、

粛然幽興《しゅくぜんゆうきょう》の処《ところ》
院裡《いんり》(亭内)に茶煙満つ

と詠んでいる(『凌雲集』)。作詩上のパターンといえばそれまでであるが、茶が音楽(弾琴)とともに幽興の世界をかもし出し、詩趣をもり上げる不可欠の要素であったことが知られると思う。

これを弘仁の美意識というなら、こうした美意識は、嵯峨天(上)皇が承和九(八四二)年に没して以後急速に衰えて行く。そして以後室町時代までは、茶を実用性において飲む「茶徳」の

時代がつづき、その間、茶はこのような美意識の世界とはほとんど無縁のまま推移することになる。王朝時代、花や香《こう》が美の対象もしくは手段となることはあっても、茶が全くといってよいほど登場しないところにも、その一端はうかがわれよう。晩唐の詩人、盧同のつくった茶詩も不思議と引き合いに出されることがない。もっとも鎌倉末期から室町時代にかけては禅僧の詩に陸羽や盧同の世界がうたい込まれるようになり、唐風の茶輿への憧憬がうかがえるが(熊原政男『鎌倉の茶』)、これにはじっさいに唐風の茶(つぎに述べる団茶)を飲んでいたことも無関係ではないようだ。むろん栄西によって伝えられた抹茶法が普及していた時代のことである。そんなわけで平安初期、宮廷貴族の間に昂揚した茶は、新来の風俗文化として観念的に受け入れたという性格がつよく、日常的な生活の次元にまで浸透することはなかったように思われる。

3　蒸す・煮る・炒る

唐風の団茶

ところでこれまで飲(喫)茶のことを論じながら、その実際についてほとんど語るところがなかった。引用した詩の中には「茶を搗《つ》く」とか「茶煙」といった表現が見られ、また永忠は嵯峨天皇に「茶を煎じ」て献じているが、当時はどのようにして茶をつくり、どのような飲み方をしていたのであろうか。

平安初期、永忠や最澄・空海ら入唐僧によって将来された茶(法)は団茶(法)といわれるもので、その要領は陸羽の『茶経』のそれと基本的なちがいはなかったろう。整理してみると次のようになる。

I　茶のできるまで

(1)　摘んだ茶葉を甑《こしき》で蒸す。

(2)　蒸した葉を杵と臼で搗き、細かにする。……「搗茶」

(3)　搗いた茶葉を鉄製の型に入れ、団茶にする。

(4)　団茶を乾燥させ、これに孔《あな》をあけて串を通し、焙《ほいろ》であぶる。……「茶煙」「金炉で炙《あぶ》る」

(5)　乾燥し切ったら、竹で編んだ育《いく》といういれものに入れて保存する。

II　茶を飲むまで

(1)　団茶をはさみに挾んで火にあぶり、ふくらませた上、これを冷ます。……「茶煙」?

(2)　木製の碾《ひきうす》で粉末にし、ふるいにかけて蓋物に納める。

(3)　風炉にかけた釜で湯をわかし、第一沸の時、少量の塩を入れてかきまぜ、第二沸の時、茶匙で茶の粉末を入れる。……「煎茶」

(4)　華《か》(細かくて湯の表面に浮び上った茶)と抹《まつ》(その少し大きなもの)をすくって茶碗に入れ、湯とともに飲む。餑《ぼつ》(大きくて湯の底に茶滓となってたまったもの)は飲まない。

これによって、団茶――形状やつくり方によって磚茶《せんちゃ》(煉瓦形)・餅茶《へいちゃ》・銭茶《せんちゃ》(穴あき銭形)とか緊茶《きんちゃ》(きのこ形)などの称もある。『茶経』の方法だと銭茶の形であったろう――とはいっても、それは保存する時の形状であって、実際に飲む時には、団茶をあたためた上必要量をほぐし、碾や茶研《ちゃげん》(薬研と同じ形)を用いて粉末にしたことが知られよう。ただしその後宋代に現われた抹茶ほど微粒子にするわけではなかった。そしてその粉末を釜の湯に入れて煎じたが、その際塩(わが国ではその他生薑《しょうが》・甘葛《あまずら》・厚朴《こうぼく》など)を入れて味をつけ、これを杓にすくって茶碗にとり、飲む、というものであった。このように見てくると、詩や記録に出てくる茶を「搗く」「茶煙」「煎茶」といった言葉の意味も、おのずから諒解されて来よう。ただし茶煙については、団茶をほぐすのに火にあぶる時のそれとも見られるふしがあり、断定できない。

碁石茶

こうした団茶(法)は遠い過去のものかと思われるのであるが、それがこんにちでもわが国で行なわれている。高知県の山間部でつくられている「碁石茶」というのがそれで、七月から八月にかけて摘んだ茶葉を大きな蒸桶(底が簀子《すのこ》になっている一種のセイロ)に入れ釜にかけて蒸したあと土間にあけ、筵をかけて一週間ほどおき醱酵させる(したがって一種の紅茶である)。ついでこれを別の桶につめて重石を置き、漬け込むこと一週間。ほぼ水分がなくなったところで茶塊を外に出し、それを碁石ほどの大きさに裁断し、筵にひろげて天日で乾燥させるというものである。記録の上では江戸後期以前には遡ることができないが、い

日乾中の碁石茶(高知県長岡郡大豊町)

までも瀬戸内海の島びとや船乗りの間に飲まれているのである。

高知の碁石茶はいってみれば茶の化石であるが、これを調査した松下智・橋本実氏らはこれと全く同じ製法がビルマにあると指摘している(前掲書)。とすると、かつての中国だけでなく東南アジアにまでその製法のひろがりが知られてくるが、化石どころかいまも生活必需品として飲まれているのがチベット人の団茶である。わたくしが見たのはインドに亡命したチベット人の建てたあるラマ教寺院の厨房においてであったが、そこではきのこ形の団茶を粉にして煎じたものを「チャイドム」という筒に入れ、これにチーズやバター、ときには玉子などを加えて攪拌し、茶碗に受けて飲むというものであった。このチベット茶はわれわれの感覚には耐えがた

チベット茶　ラマ教寺院(インド，ガントク)の厨房にて．チャイドムで攪拌中

いほどの味と色と匂いであったが、乳製品を入れるのは、遊牧民族の必要と知恵によるものであろう。それが唐では乳製品でなく塩となるのは、農耕社会における変容であろう。この両者のどちらが先なのか、それとも共通の故郷があるのかは明らかでないが、インドやネパールのバザールで見かけた団茶は雲南から入っているのだと聞いた。それはともかくわが国に伝わったのは、このうちの唐風の団茶法であった。日本の文献によれば、塩の他に生薑・厚朴とか甘葛などが混入されている。碁石茶が瀬戸内海の島びとの間で好まれるのも、塩分をふくむ水(湯)に合うことも理由の一つであるという。なお唐風の場合は、前述のようにチャイドムを使うことはない。

団茶二種　きのこ形を「緊茶」，煉瓦形を「磚茶」と呼んでいる．いずれも中国製(インドのバザールにて求む)

団茶・抹茶・煎茶

さて団茶も飲む時には粉末(抹)にしたのであれば、いわゆる抹茶とどうちがうのか。ひと言でいえば、蒸葉を固形にして乾燥するのが団茶であるのに対し、蒸葉を葉茶のままで乾燥する(ただし茶壺に密封する)のが抹茶である。しかし最終的に粉末にする点ではかわりはない。

ところが粉末にした団茶を飲むのに「煎茶」と表現されている。近世になってから普及する、いわゆる「煎茶」は、蒸葉を揉捻して乾燥させたものに湯を注ぎ、いわば茶葉のエキスを飲む、というもので、淹茶《だしちゃ》ともいわれるが、平安時代の「煎茶」は茶と湯の関係が逆で、釜の湯のなかに粉茶を入れ、漢方薬ほどではないが煎じるのである。したがって言葉の本来の意味からすれば、「煎茶」の語は団茶にこそふさわしい。それなら粉末にする点で同じだとする抹茶はこの意味での「煎茶」かといえば、団茶とはちがい、茶碗に入れた粉末に湯を注ぐ(その上で茶筅でかきまぜる

茶を蒸す(碁石茶の場合)　釜の上にのせられた蒸桶

が)という点では、近世的煎茶に近い。

つぎに、団茶や抹茶を考えてみると、要するに茶そのものを飲む——「食べる」といってもおかしくはない——茶法であるのに対して、煎茶(玉露)は浸出するエキスを飲む——この場合食べるとはいえない——茶法である。どちらが進んだ飲み方かといえば、余分のものまで飲み込む前者(団茶・抹茶)よりも、必要なものだけを飲む後者であろう。団茶の時代、塩などを入れて味つけをしたのには、味の悪さを補う目的もあったのである。ところがその煎茶にも、次に述べるような素朴な「阿波晩(番)茶」もある。番茶も飲み方でいえば煎茶の一種である。

話をわざと混乱させているつもりはないが、団茶・抹茶・煎茶(玉露・番茶)といった表現の曖昧さ、というより、基準をどこに置くかでさまざまな理解ができることを指摘したかったまでである。「蒸す茶」の他に、「煮る茶」「炒《い》る茶」があるというのも、それであろう。

煮る茶 炒る茶

すなわちこれまであげた茶は、いずれも初夏に摘まれた茶葉を蒸して柔らかくするのが処理工程のはじめで、そのあと揉捻して乾燥させるのが煎茶なら、揉捻しないで乾燥させるのが抹茶ということになる。ところが茶葉の処理には「蒸す」ことの他に「煮る」ものがあり、火で「炒る」こともあった。しかもこうした素朴な茶法が、「蒸す」茶で団茶の一種である高知の「碁石茶」と同様、いまも行なわれているのである。

茶を煮る（阿波晩茶，徳島県相生町）

まず煮る茶。四国は徳島の奥地でいまもつくられている「阿波晩茶」というのがそれである。晩茶とは文字通り遅く摘んだ茶の意で、茶摘みは七月下旬から八月にかけ

茶を炒る（熊本県五木村）

て行なわれる。当然のごとく葉のやわらかみといったものはすでになく、しかも茶葉は摘むというより剝《そ》ぐのである。だから摘んだあとには葉の一枚もなく、ただ茎や枝だけが残ることになる。その姿は荒涼と称するのがふさわしい。

さて摘んだ茶葉は大きな釜に入れて煮るのであるが、新しい茶葉を釜の下の方へ押し込み、要領よく葉を回転させて煮るのがコツである。

こうして柔らかくなった茶葉は次々と釜の外に落され、これを筵の上にひろげて暫時空気にさらし、ついで揉捻機でごくわずかの時間もんだ上、大きな桶に八分目入れる。これに重石を置いて漬け込むのは高知の碁石茶と同じで、約一週間、水分が少なくなったところで、天気のよい日、朝から庭先に数十とひろげた筵の上で干すのである。そこでこれを日乾(干)晩茶とも呼んでいる。乾燥したらそれででき上りということになる。飲み方はふつうの番茶に同じ。漢方薬の味と香りに近い茶である。

次に炒る茶。わたくしが訪れたのは熊本の五木村であったが、あの子守唄の文句が語るように、山間の村とて水田はなく、ごく最近まで焼畑で生活が営まれていた。山腹に見かける茶畠は、かつての焼畑のあとである。そしてここでは釜炒《かまいり》茶がつくられていた。写真に示したように小屋のなかにかまどが据えられ、釜に入れた茶葉を手で攪拌しながら、適当に炒るのである。それででき上り。もっとも素朴なつくり方であったといえよう。

4　寺院と茶

日吉茶園　わが国に飲茶の風を伝えたのが、平安初期の入唐帰朝僧たちであったことは、ほぼ間違いのないところであるが、それに関連して次のことが問題になると思う。それは永忠にしろ最澄・空海にしろ、携帯に便利で保存もきく、製品としての団茶を持ち帰ったにちがいないが、茶の木(もしくは実)はどうであったか、である。同様の問題が後年抹茶法を伝えた栄西にもあることはのちにふれよう。むろん前者だけだと、飲み尽せばすべてが終りということになる。

ところが文献の上に喫茶の関係記事が登場するのは、わたくしのたしかめた範囲では、かれらが帰朝(八〇五および八〇六年)してからほぼ十年たった弘仁五(八一四)年以後である。団茶そのものを持ち帰ったとすればその間これを飲まなかったとは考えられないから、記事にされなかったか、記事が失われたかのいずれかであろう。しかし茶の木(もしくは実)の場合であれば生育中であって、それで茶をつくるまでに至らなかったからとも思われる。いずれにしてもこの十年間の空白の意味づけは容易でない。

疑問はさらに深まる。嵯峨天皇は、弘仁六年四月梵釈寺頭で永忠から煎茶を献ぜられた二カ月後、畿内および近江・播磨等の国々に楳(茶)を植えることを命じている。植えるとは茶の実なのか若木なのか、またその材料は官から支給したのか各地方自前なのか。前者であればそれだけの茶の木(実)がどこで用意されたのか問題だし、まして後者であれば、これは地方にも茶の木があって、それの利用・栽培を命じたものとしか考えられなくなる。茶は自生していたのではあるまいか? 少なくともそれ以前から存在はしていたのではないか。

しかし、かりに自生していたとしても、それを飲料に利用していたとはいえないわけで、知識・技術はやはりこのときのものと考えたい。そしてさらにいうなら、永忠らが茶の木(実)を持ち帰った可能性はあるとしてもわずかのことで、それのひろがりを大きく見ることはできな

日吉茶園(滋賀県大津市坂本)

いように思う。その意味では、わが国の場合、茶は平安初期に「発見」されたのである。

最澄が比叡山のふもと、近江坂本に唐から持ち帰った茶を植えたとする「日吉茶園」の話も、もともとが伝承の類と受けとめておけば問題はないが、多少考え直さねばならない点もあろう。しかし「発見」された茶が最澄によって植えられたと見れば、ありえないことではない。

最澄と茶との関係はたしかにあったからである。『文華秀麗集』に収める嵯峨天皇の御製「澄(最澄)公奉献の詩に答う」に、

羽客(仙人)講席(最澄の)に親しみ
山精(山の精霊)茶杯を(最澄に)供う

といった句があり、最澄が茶を飲んでいたことが知られる。また以前述べたように最澄は空海と同時に入唐し、帰朝後の弘仁三(八一二)年十

二月には、弟子の泰範らとともに空海について高雄山寺（のちの神護寺）で灌頂《かんじょう》を受け、みずから求法弟子・受法弟子と称したほどの間柄であったが、高弟泰範が空海のもとに走ったことから、両者の関係は悪化する。弘仁七年のことであるが、そんな折り（同年五月一日）、最澄は泰範に書状を送って自分のもとへ還るよう懇請し、「茶十斤」を贈って「遠志を表し」ている。これに対する泰範の書状を空海が代作しているのも興味をひくが、その冒頭に、「兼ねて十茶を贈らる。喜荷《きか》すること他なし」と礼を述べているのは（『性霊集』）、当時茶がいかに貴重なものであったかを物語っている。ここでの十茶―十斤の茶とは、むろん団茶であり、たぶん唐から持ち帰ったものであろう。

その空海も茶との関わりは浅からぬものがあった。最澄と同様、入唐中に求めた典籍類を嵯峨天皇に献じた弘仁五年閏七月の奉献表のなかに、

観練の余暇、時に印度の文を学び
茶湯坐来、乍《たちま》ち震旦《しんたん》の書を閲す

といった語句が見える。茶を喫しながら修学した空海の姿がしのばれよう。ちなみに『経国集』には「海（空海）公と茶を飲み山（高雄山寺）に帰るを送る　一首」（嵯峨御製）があり、『凌雲集』に収める仲雄王の詩、「海（空海）上人に謁す」にも、「石泉にて鉢を洗う童　鑪炭《ろたん》にて茶を煎《い》る孺《めのわらわ》」と茶のことがうたい込められている。いずれも弘仁年間、永忠が梵釈寺頭で嵯峨天

皇に茶を献じた前後のことである。

大内裏茶園と造茶所

先にもふれたように、弘仁期の宮廷貴紳間に昂揚した喫茶の風も、嵯峨天(上)皇が承和九(八四二)年に没したあたりから急速に廃れて行く。むろん後にもふれるように、貴族たちに茶が飲まれなくなるわけではないが、しかし茶は主として寺院＝僧侶の世界のものとなる。これはこの天皇の個性といったことも無関係ではないが、将来された団茶の枯渇とか、それにかわる茶の生産の低調といった事情もあったにちがいない。弘仁六(八一五)年六月畿内近国に茶を植え毎年貢進させることにした措置も、それらの国々より茶を進めた確証がなく、制度としては、定着しなかったことを思わせる。このち知られる茶園がすべ

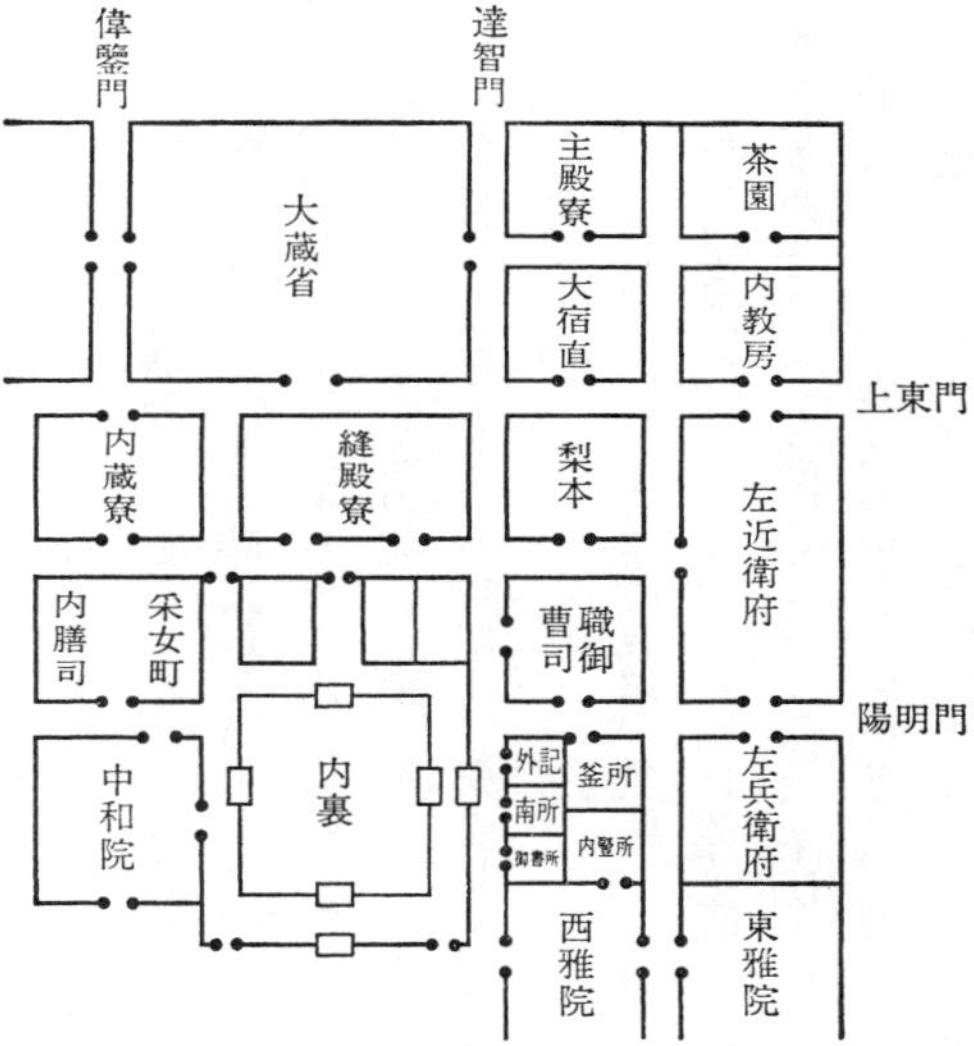

大内裏茶園　東北隅にあった

て寺院茶園であり、農村茶園ともいうべきものが見られないのも、右の推測を助けるものであろう。『延喜式』(主税式)にも茶の所見がなく、東西市の販売品目のなかにも茶は見えない。これは一般への茶の普及もほとんどなかったことを暗示している。

もっとも、宮廷にはある時期から専用の茶園が設けられていた。大内裏の東北隅、主殿寮の東にあった一町の茶園がそれで、内蔵寮の所管に属していた。この地所は当初鍛冶司であったが、九世紀初頭、諸官衙の統廃合の一環として大同三(八〇八)年廃止されたあと、茶園とされたものらしく、おそらくその時期は、先述した、弘仁六年六月畿内近国に茶の栽培を命じた前後のことであろう。

この大内裏茶園における茶の栽培、生産の実態については明らかでないが、源高明の著わした故実書『西宮記』によれば、三月朔日造茶使を内蔵寮につかわして糧物や雑物(製茶に必要な食糧や諸費用のことか)を受けとり、この造茶使や侍医校書殿執事たちの監督の下に茶を造ったが、校書殿使が摘んだ茶を内蔵薬殿に運び、薬殿生が分量をはかって造ったとある。関係所司は二、三にわたるが、直接製茶に当たるのは内蔵寮薬殿においてであったことがわかる。それが「造茶所」といわれたものであろう。のちのことになるが藤原行成の日記『権記』長徳元(九九五)年十月十日条にも「造茶所」のことが見え、使者をつかわして「今年料造御茶料物文」、つまり今年分として造った茶の諸経費を書き上げた書類を受けとらせているから、この時期でも、大内裏茶園と造茶所は機能していたことがわかる。ここでの製茶の実態とか技術については、団茶法であったと推察される以外、一切明らかではないが、製茶の技術が宮廷工房において伝えられたことは十分留意しておいてよい。しかしそれも平安末期までのことであった。

季御読経の引茶

大内裏茶園で栽培され内蔵寮造茶所でつくられた茶は、宮廷諸事用に供されたものと思われるが、貴族ら各人に分配するというところまでは行かなかったろう。茶が日常的に飲まれるほどのものとなることはなかったはずである。また朝覲行幸とか天皇算賀といった晴《はれ》の儀式に用いることはあっても、主たる用途は宮中で行なわれる仏教的行事、ことに春秋二季に催される季御読経《きのみどきょう》の「引茶《いんちゃ》」がその最《さい》たるものであった。

この季御読経は時期により行なわれる場所や規模に変動があるが、平安中期以降は南殿（紫宸殿）および天皇在所（清涼殿など。殿上・御前ともいった）で行なうのが通例となった。すなわち東大寺・興福寺あるいは延暦寺などの諸寺、多い時には三十数カ寺から請ぜられた百僧が、南殿（八十口）と在所（二十口）とに分れ、前者では大般若経を、後者では仁王経を読誦するというもので、春秋の二回、ふつう四日を限って行なわれたのでこの名がある。

儀式は御斎会に准ずるものとて、その設営も、内膳司は「仏供」を、大膳司・内蔵寮・穀倉院・大炊寮などは「僧供」を備え、また木工寮・修理職・掃部寮・大蔵省などには衆僧が宿侯するための「僧房」を用意させ、左右近衛には「時（節）の花」を進ましめ、同駕輿丁一人に

「雑香」を舂かせ、侍従厨には「陣饗」の用意をさせるなど、諸司が関わっている。さて当日は永安門が開かれ、上卿《しょうけい》(行事の頭役)の合図で鐘が打たれると、王卿について衆僧が参入し、それぞれ所定の位置について、法会が始められる。啓白教化・読経作法などが行なわれたあと官人による左右の「行香」で儀式は終り、王卿・衆僧の退出となるわけであるが、その際王卿は陣座《じんのざ》に赴いている。そこには侍従厨の用意した「陣饗」があって、台盤の上にはなにがしかの料理がととのえられていたのである(『西宮記』巻五季御読経)。

季御読経の「引茶」というのは、つまりはこの王卿の陣饗に相当する、衆僧に対する饗応の一種であったといえるものである。これも時期により年により一定していないが、四日間の中、初日と結願日を除いた中の二日、南殿では蔵人所の雑色や所衆《ところのしゅう》が、御前では殿上人が、それぞれ衆僧に引茶したものである。「雑色・所衆等引レ之、左右相分可レ引レ之也」(『時範記』永長元〔一〇九六〕年三月二十五日条)といった記述もあるから、「引茶」は「ヒキチャ」と訓《よ》んで差支えないが、『西宮記』の一本(『史籍集覧本』)に「引《イン》茶」とふりがなをつけたものがあるように、熟語の場合は音《おん》よみした方がよいであろう。訓《くん》よみからの連想で引出物《ひきでもの》の茶とする理解があり、わたくしなどもそう理解して疑うこともなかったが、衆僧に対する引出物つまり布施は、『西宮記』を見ても別個に細屯綿・絹・調布・庸布・商布・細布などが用意されており、それではない。引茶は法会での疲労を癒すために出された飲み物であり、衆僧も実際に飲んだのである。

甘葛煎の他に、厚朴や生薑といったものを「要に随って之を施」した(『江家次第』)のは、飲む時の好みに応じたことを示している。ちなみにこの厚朴は典薬寮に用意させ、生薑は内蔵寮(薬殿)から召しているが、内蔵寮からはその外にも折櫃・土器《かわらけ》九百口を召し、典薬寮のそれとともに「引茶料」としている(『西宮記』)。おそらくこの土器というのが引茶用の茶碗であったろう。とすれば、下級雑任官人のおこなった「引茶」とは、衆僧おのおのに茶の入った茶碗を配ることの意で、後述するような、禅院での喫茶儀礼で「供給《くきゅう》」(接待係の僧侶)による「行盞《ぎょうさん》」(すでに適量の抹茶が入っている天目茶碗を客人に配ること)、「行茶《ぎょうちゃ》」(同上の茶碗に湯を注ぎ、茶筅で泡を立てる＝点茶すること)に相当するものであったといってよいであろう。

煎茶威儀供

いささか煩瑣と思われるまでに「引茶」にこだわったのは他でもない。第一には、もっとも晴の儀式であった引茶を通して、平安時代における、ある種の茶礼が認められるのではないか、とひそかに考えたからである。しかし数十人(南殿で八十人、在所で二十人)にのぼる僧への引(行)茶に、一定の手順といったものがあったとしても「茶礼」といえるほどのものは成立のしようがなかったろう。季御読経の引茶は宮廷での行事であるが、親王家や摂関家などでの御読経はもとより、当時の寺院内での同種の法会においても、のちの禅院茶礼(それが母胎となって茶の湯が成立した)に匹敵するものはなかったと思われる。少なくともそこから本格的な茶礼は育たなかった。喫茶の歴史はありながら「茶の湯」が中世に降るまで生れなかったゆえんである。

なお衆僧への引茶＝茶接待ということに関連していえば、比叡山上の延暦寺で論議の際に出された「煎茶威儀供」というのも、まさしく引茶であった。

第十八代の天台座主良源が天禄元(九七〇)年十月に出した「廿六箇条起請」のなかに、六月会(法華会)や十一月会には従来は「空茶」――というから茶とは名ばかりのもの――で問者の渇を除き、粗膳をもって威儀僧の疲れを癒して来たが、近頃は釈文義よりも朝夕の饗応を営むのを専らとしている、といい、「調鉢(食事)・煎茶」の饗応を停止せしめた条項がある。この起請(禁制)は、当時悪僧の跋扈をはじめ風儀の乱れが著しかった僧侶の規律を正そうとしたもので、げんにこの禁制を出した良源自身、後世僧兵の創始者のごとくいわれる人物であったが、そんな時期煎茶による饗応が食事のそれとともに禁制の対象となるほど過差になっていたのであろう。そしてここでも茶は茶礼とは無縁であったように思われる。

山茶碗のこと

引茶に関連して留意される第二の点は、それに用いる大量の土器に関してである。土器というからには素朴な素焼きで、「ハニノウツワ」と呼ばれた土師器《はじき》の類であったものと思われる。

ちなみに『延喜式』(民部式)によれば「年料雑器」として尾張・長門両国より瓷器《じき》の大小椀(碗)・茶椀(碗)、あるいは盞を五口(個)ないし二十口、貢進させていたことが知られる。瓷器

山茶碗(本多静雄氏蔵)

とは「シノウツハモノ」と呼ばれる釉をかけた陶器のことで、釉によって白瓷(灰釉)と青瓷(緑釉)とに分けられるが、大碗の口径が九寸五分というのをはじめ、茶碗で五—六寸、もっとも小さい盞でも四寸七分という大きさの点や、一種の数が多くて二十口という数量の上からも、これらの瓷器が季御読経の引茶用に使われたものとは考えられないようだ。

それよりも近時その素朴さが注目されて来ている「山茶碗《やまちゃわん》」のなかには、平安時代に遡るものがあると考えられているが、季御読経の引茶に用いられた土器というのも、この山茶碗のようなものではなかったろうか。

『酒茶論』

のちに代表的な室内芸能となる茶・花・香は、いずれも仏教と深い関わりをもっていた。ことに花は供えられて仏前の荘厳《しょうごん》

(かざり)となり、香はそれを焚くことによって道場を特異な匂いに包み、ともに非日常の空間をつくり出す。季御読経でも南殿の「装飾」(室礼)のために花と香とが用意されていた。この花と香とは、中世には燭台と組み合わされて「三具足《みつぐそく》」(香炉を中に、右に燭台、左に瓶花が置かれる)と呼ばれ、民間の部屋飾りの立役者となる。

こうした花と香に対して、茶の立場は少し違っていたというべきかも知れない。現に季御読経でも茶は仏前に供えるのではなく、衆僧に飲ませるためのものであった。むろん茶を仏前に供えることも早い時期から行なわれていたと思われ、後述するように、それがまた中世には重要な意味をもってくることも事実であるが、「茶湯《さとう》」ともいうように、茶の他に「白湯《さゆ》」を供えることもあったわけで、茶と仏教(宗教)の結びつきは、花や香ほどには強くはなかったと思われる。

にもかかわらず実際には、茶は寺院と密接な関係をもってこんにちに及んでいる。おそらくそれは、茶のもつ薬用性、ことにそのなかに含まれるカフェインのもつ覚醒効果が、僧侶の修行上必須のものとされたからに違いない。以前一言したように藤岡喜愛氏はナルコティックスの観点から人間の心に作用を及ぼすものとしての酒や茶が、意識の個人化と社会性の拡大という両面の役割を果していることを述べ、いずれにしても脱日常性という点で共通していることを指摘されたことがある。茶の果す社会性の拡大作用については、のちに茶寄合を取り上げる際あらためてふれるが、個人化へ向かうとき茶が沈思瞑想のための媒体となったことは十分考えられよう。

茶や酒の果すこうした精神作用に関連して、中国で早くから『茶酒論』がつくられたのは、もっとも早いナルコティックス論争であったといえるかも知れない。といって深刻な論争というのではなく、むしろ一種の戯作の文学である。この『茶酒論』は敦煌石窟からフランスの東洋学者ペリオによって発見されたが、郷貢進士の王敷なる者の手になり、中唐末から晩唐初期にかけて書かれたものだろうといわれている。茶と酒とを人になぞらえた、いわゆる擬人法によって、茶と酒が各自いいところを自慢し、相手を貶すことで両者の優劣を競わしめたもの。結局は両者ともその差異はない、両者相和せば酒店・茶坊ともに繁昌するであろう、という判定で終る。ちなみにわが国でも同工異曲の筋書をもつ『酒茶論』というのが天正四(一五七六)年、美濃国乙津寺《おつしんじ》の蘭叔によって書かれているが、この方はこの前後に成立したと思われる『酒飯論』(絵巻物)とともに、戦国時代における食事文化に対する関心の昂揚と見るべきものかも知れない。

茶の効用　『茶酒論』(『酒茶論』)は戯作文学であるが、歴史に徴しても茶と酒とはライバルであった。たとえば菅原道真の場合。道真は延喜元(九〇一)年正月大宰権帥に左遷されたが、『菅家後草』に収める漢詩のどれを見ても、それから二年後配所に没するまで、一日とし

榎社　道真の住んだ館趾と伝える

て心の晴れることはなかったもののごとくである。そこで鬱陶を散ずるため「茗葉香湯」を飲んで酒のかわりとしている。道真は下戸だったのである。ところが、延喜二年の作、「雨夜」によると、脚気とできものにも悩まされていた道真が、茶では心を晴らすことができなかったのであろう、強いて酒盃を傾けたとある。詩の後段に次のようにある。

遷客（道真）は甚だ煩懣す
煩懣は胸腸を結《くく》り
起きて茶一椀を飲む
飲み了って未だ消磨せざるに
石を焼きて胃管を温《あたた》む
この治遂に験《しるし》なし
強いて傾く酒半盞《はんさん》

と。

道真の場合と逆であったのが、源実朝の場合であろう。建保二(一二一四)年二月三日、伊豆二社(箱根社・三嶋社)の参詣より帰った実朝は、安達景盛が設営した御所での宴席に臨み、諸人とともに終夜淵酔した。ところがその淵酔の余気で、翌日の実朝はいささか病悩気味であった。将軍加持のためにたまたま寿福寺にいた葉上僧正こと栄西がこれを聞き、良薬と称して寺より茶一盞を進めたところ、淵酔の余気は治り、御感悦に及んだというもの。これを記す『吾妻鏡』によると、このとき栄西は茶と一緒に「茶の徳を誉むる所の書」一巻を相副えて進めたことになっているが、いかにも手廻しがよすぎる。『吾妻鏡』にまま見られる類聚記事とすべきで、後日進めたのを同日の記事にまとめたものであろう。この「茶の徳を誉むる所の書」というのが『喫茶養生記』に他ならないが、ここでは酒にまさる「徳」＝功徳・功能のあったのが茶ということになる。歴史的にも茶と酒とは互角であったわけである。

道真より少し前の学者であった都良香《みやこのよしか》の「銚子廻文銘」(『都氏文集』)にも、「(人々が)多く茶茗を飲み来るは如何。(それは)体内を和調し、悶を散じ、痾を除く」からである、と茶の効用を説いている。茶は団茶の時代からこうした功徳において飲まれていたことを知るのである。

5 『喫茶養生記』の時代

茶の歴史は、平安初期の時代から四百年たってもう一度画期を迎える。鎌倉初期、栄西によって抹茶法が将来されたからである。しかも両度とも、公・私の違いはあれ、中国(唐・宋)へ留学した僧侶によってもたらされたところに、あらためて茶と僧侶・寺院との関係の深さが知られるとともに、茶をふくめて日本文化における国際的契機のもつ意味の大きさがしのばれよう。

遣唐使

最澄・空海たちが乗った延暦度の渡唐船のあと、遣唐使はもう一度派遣されている。副使小野篁が乗船を拒否し嵯峨天皇のため隠岐に流されるというトラブルのあった承和五(八三八)年七月の入唐がそれで、このときには最澄の弟子円仁が渡っている。この円仁には入唐中の詳細な日記『入唐求法巡礼行記』があり、唐での行状を知ることができるが、そのなかに所見する「煎茶」「茶を啜る」などとある茶が団茶であったことは、「団茶一串」といった記事からもうかがわれよう。

寛平六(八九四)年十月、菅原道真の意見に従って遣唐使の制が廃止され、それから十三年後に唐朝も滅びたが、しかしその前後から民間の商人の来航が次第にふえていた。そこで、政府は大宰府に命じて博多湾頭での交易を管理させるとともに、中央から交易唐物使を派遣して必要なものをまず買い上げ、ついで貴族をふくむ一般民間人に交易を許した。そこでこれを唐物先買権と称している。そのご九六〇年(わが天徳四年)に宋が建国されると、以前にもまして宋商客の来航は著しくなり、その都度、工芸品・嗜好品・書籍など、いわゆる唐物がもたらされていた(森克己『日宋貿易史の研究』)。寛弘三(一〇〇六)年十月九日、内裏では唐物御覧の儀があったが、この唐物は宋商曾令文のもたらしたもので、このとき道長も蘇木や茶垸・書籍類を贈られている(『御堂関白記』)。この時期における国風文化の生成も、中国との関係の稀薄化の結果と見るのではなく、むしろ逆に、中国文化の摂取を通じてはじめて培われた能力の成果と考えたい。

成尋の場合　そういう日中(宋)関係の展開のなかで、帰朝後に嵯峨の清涼寺をおこした奝然《ちょうねん》や、異国に骨を埋めた洛北大雲寺の僧成尋《じょうじん》阿闍梨といった僧が、宋商船の帰航に便乗し、入宋するということもあったわけである。ことに成尋はその宿願を果すため、後冷泉天皇や藤原頼通の護持僧という立場を捨て、歎く老母をふり切って京都を離れたが、その母の悲しみは『成尋阿闍梨母集』にうかがわれる。一方、弟子七人をつれ宋商孫忠の船に乗って入宋した成尋の行状は、その日記『参天台五台山記』によって詳細に知られるが、それによれば延久四(一〇七二)年四月十九日、肥前壁(加部)島を出帆し、海路三千里、六日目の二十五日に蘇

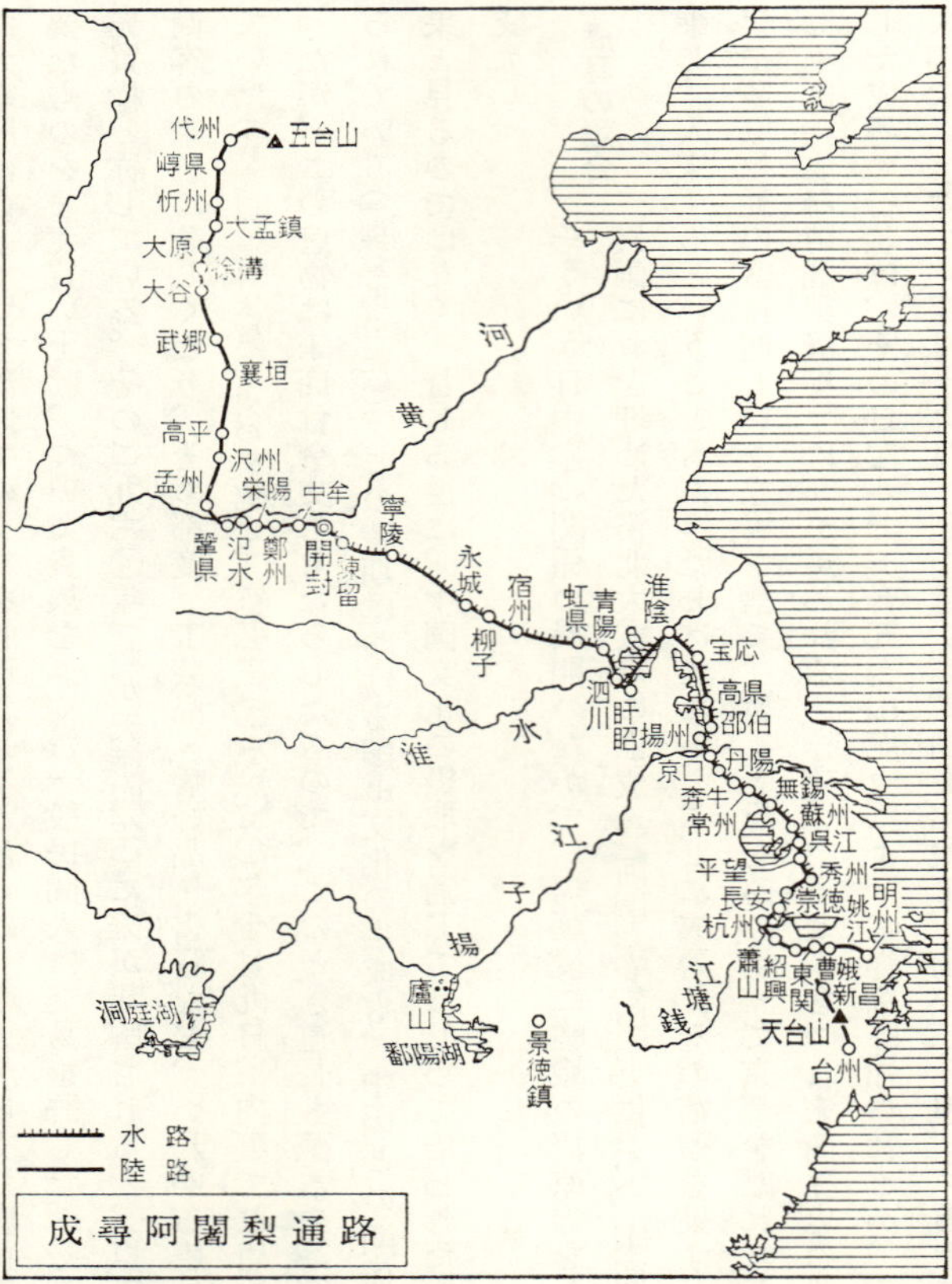
五台山
代州
崞県
忻州
大盂鎮
大原
徐溝
大谷
武郷
襄垣
高平
沢州
孟州
栄陽
中牟
鞏県
汜水
鄭州
開封
陳留
寧陵
永城
宿州
柳子
虹県
青陽
泗川
盱昭
淮陰
宝応
高県
邵伯
揚州
京口
丹陽
奔牛
常州
無錫
蘇州
呉江
平望
秀州
長安
崇徳
杭州
明州
姚江
蕭山
紹興
東関
曹娥
新昌
天台山
台州
銭塘江
黄河
淮水
揚子江
洞庭湖
廬山
鄱陽湖
景徳鎮
水路
陸路
成尋阿闍梨通路

州七大山に着いている。一行は杭州で許可を得たのち早速天台山に参詣した。五月十三日天台山の国清寺に智顗《ちぎ》大師の真身を拝した時には、「昔は只名を聞き、今は親しく拝し奉る。心中の悦び何事かこれに如《し》かん」と感涙を催している。五日後、天台山最高の華頂峯に登ったが、そこには苦竹の鬱蒼と繁り、茶樹が林をなしていたとある。

そう、わたくしは入宋した成尋と茶との関わりを述べるつもりであった。だから天台山から杭州へ戻り、そこから船で大運河を北上して首都開封に赴き、半月後官馬を支給されて五台山に向かい、いま一つの宿願を果したこと、翌年六月帰国する弟子たちを寧波に見送り、これに日記を託したこと、など、これ以上成尋の足跡を逐一辿ることは止そうと思う。

成尋の日記に茶のことが見える最初が、渡宋して間もなくの、延久四年四月二十二日条である。この日杭州の市場に行ったところ、人びとが道路、屋内に満ちあふれ、銀茶器で茶を飲ませ、銭一文をとっていた、とあるのは、わが国では室町戦国時代になって見かけるようになる、いわゆる一服一銭であろう。同二十六日、役所で天台山参詣の申請書を提出した折りには、そこの廊で「点茶」を出されて飲んでいる。これが入宋後はじめて飲んだ茶であった。以後、二十九日興教寺大教主老僧に呼ばれて点茶、五月一日霊隠寺僧より茶二瓶を与えられ、道中喫すべしと、同じく明慶院の僧からも茶二瓶贈られる。同十三日天台山国清寺に入る。大衆数十人来り迎え、喫茶、といった工合。越えて十月三十日条を見ると、明日五台山に向けて出立する成尋一行を送るのに、文慧大師が廬山《ろざん》第一等の茶一斤を持参し、これを恵与しており、さらに翌年一月十三日には神宗皇帝より使者があり、茶二斤・菓子十楪《せつ》を賜わり、弟子七人にもおのおの茶一斤・菓子五楪を与えられている。じつはこれより先、成尋は皇帝の命で祈雨の法を修して大験あり、善慧大師の号を勅賜されていたのである。なおまた皇帝に謁見を許されたとき成尋は、「日本国で必要とする漢地の物貨は何か」と下問されて、「香・薬・茶垸・錦・蘇芳等なり」と答えている(延久四年十月十五日条)。

さて、右に挙げたのはその一端に過ぎないのであるが、成尋とその弟子たちが幾度となく飲んだ茶は何であったのだろうか。当時宋では唐風の団茶法にかわる抹茶法がはじまっていた。団茶ではあるまいかと思われる場合もあるが、しかし役所や寺院での頻繁な「点茶」というのが気にかかる。点茶とは一般的には茶を用意するといったほどの意で抹茶に限るものではないと思われるが、こんにちでは茶泡を点《た》てて飲む抹茶の代名詞であることは知られる通りで、成尋たちの場合もその意味での点茶、すなわち抹茶であったと思われる。「茶二瓶」を贈られたという表現も、団茶のことより抹茶にする葉茶を入れた壷二個の意ではなかろうか。

成尋はかの地に留まること十年、わが永保元(一〇八一)年開封旧城外の開宝寺に滅したが、弟子たちは帰国したから、抹茶とその飲み方(抹茶法)も伝えられたはずである。

しかし成尋の弟子たちの場合、大勢に変化をもたらすには至らなかった。抹茶法の将来はそれから一世紀後の栄西の登場をまたねばならなかったのである。

栄西の場合

成尋のあとでもわが国では依然団茶法であったことは、たとえば承安五(一一七五)年七月四日、後白河法皇の五十の算賀にあたり、白河院の康和の例にならい、煎茶具を調えようとして洛南鳥羽殿の倉を探したところすでに紛失していた。そこで仁和寺円堂を開いて煎茶具を取り出した(『玉海』)という事実からも推測される。この場合の煎茶が団茶の粉末を釜の湯に入れて煎じた茶の謂であったことは、いうまでもない。ちなみに栄西は七年前に最初の入宋を果し帰朝していた。茶の将来はこの時ではなかったのであろう。

栄 西 像

栄西は二度入宋している。一度目が仁安三(一一六八)年のことで、このときは半年ほどで帰国した。二度目が文治三(一一八七)年で、建久二(一一九一)年七月に帰朝し

富春園（長崎県平戸市）

ている。この間わが国では平家が滅亡し、源頼朝による鎌倉幕府が誕生していた。そして茶を伝えたのは、この二度目のときのこととされている。栄西は肥前平戸島の葦浦《あしうら》に上陸したが、伝えによればこの地に宋から持ち帰った茶種を植えたといい、いまそこには富春園という名の小茶園がある。富春の名はこの地の豪族、戸部侍郎（民部大輔の唐名）藤原清貫《きよつら》の請いに応じて栄西の建てた小院、富春庵（のち千光寺と改む）に出るもので、栄西がはじめて「禅院の規矩」を立てたところとされている。茶園の下方、葦浦にのぞむ平坦部には「栄西坐禅石」と称されるものがある。

栄西が茶を将来したことに関して、疑義がないわけではない。ことに帰朝したのが七月というのは太陽暦に直せば八月ないし九月で、これでは発芽力が弱く一夏過ぎると九〇パーセント近くその力を失う(松下智『日本茶の伝来』)という茶の種子を持ち帰ることは困難であったはずだとし、このことから栄西将来説を否定する意見も出されている。これは通説に対する根本的な批判といわねばならない。

しかし栄西将来説は否定し去られるのであろうか。

栄西将来説

栄西は二度目の入宋中、文治五(一一八九)年、道邃法師が天台山に植えたという菩提樹の一株をとって商船に託し、「わが伝法中興の効を験《あらわ》さん」ために故国に送ったという。この菩提樹は筑前香椎宮の傍らに植えられ、のち東大寺、さらに建仁寺へ移植されている。これは茶の将来に関して参考にしてよいことだ。

栄西が持ち帰ったのは茶の種子(実)ではなく、茶の若木ではなかったか。茶の育種研究者や茶業者の見解では、根に土をつけてくるんでおけば数ヵ月は十分維持することが可能であり、栄西が持ち帰ったとするならこの方法以外には考えられないという。とすれば、通説を否定するのに種子にこだわる新説も、結果としては同じあやまちを犯していることになる。自身茶書を著わしている栄西の将来説は、如上の修正を施した上でなら、あえて否定することはあるまいと考える。

伝えるところによればこの茶種は筑前背振山の寺院(石上坊)にも植えられて石上《いわがみ》茶の名を得、さらに筑前博多に建てた「扶桑最初禅窟」こと聖福寺にも植えられたという。そのご栄西は山

漢柿蒂茶壺（高山寺蔵）

城栂尾《とがのお》高山寺の明恵上人にも茶種を贈ったが、それを入れたという漢柿蒂《あやのかきへた》茶壺というのがいまも同寺に伝えられている。この茶壺は薬壺《やっこ》を流用したものであろう。明恵はその種子を山中の深瀬《ふかせ》に植えたところ地味に合い、良茶の評判を得るようになる。いわゆる栂尾茶がこれで、本茶《ほんちゃ》と呼ばれて他所産の非茶《ひちゃ》と区別された。さらに明恵は関係の深い近衛家の宇治の所領にも茶を植えたが、その際馬にまたがり、馬の足跡のついたところに茶の種子を播くように指示したという。いまは移されて黄檗山万福寺門前に、それを記念する「駒の足影の碑」が立っている。

　これらはいずれも伝承の域を出ないが、鎌倉時代の初期、寺院を主たる拠点として茶の栽培がひろがって行った事実の投影と見ることは許されよう。

しかし考えてみるに、栄西による茶樹の将来がなぜ問題になるのであろうか。この時点では大内裏茶園は廃れていたと思われるが、旧仏教系寺院のなかには茶園を擁したものもあったはずである。栄西の将来した茶は主に禅宗寺院に植えられたが、しかし背振山（天台宗）や高山寺（華厳宗）の例もある。といって鎌倉後期に名を著わす寺院茶園（後述）のすべてが栄西の茶を移植したものでもあるまい。

『喫茶養生記』

あれこれ勘案すれば、栄西の茶樹の将来と移植が、茶の栽培の普及上一つのきっかけとなり、はずみをつけたことは確かであるとしても、それが可能であったのは、あくまでも新しい茶法――抹茶のつくり方と飲み方――の裏付けあってのものであろう。栄西の功もそこに求められるべきものである。そしてその新茶法を記述したのが『喫茶養生記』二巻に他ならない。

本書には、執筆時期の違いにより語句に多少差異のある初治本《しょちほん》（奥識語に「承元五（一二一一）年辛未正月三日、無言行法之次、自染レ筆謹書レ之」とあり、寿福寺本・多和文庫本）と再治本《さいちほん》（巻上の序に「于時建保二（一二一四）年甲戌春正月日謹叙」とあり、建仁寺本等多数）との二種類があるが、全体の構成には変りはなく、「第一、五臓和合門」（巻上）、「第二、遺除鬼魅門」（巻下）より成る。上巻が茶の効用を説くのに対して下巻は桑について書かれているところから『茶桑経』という別名をもつ。

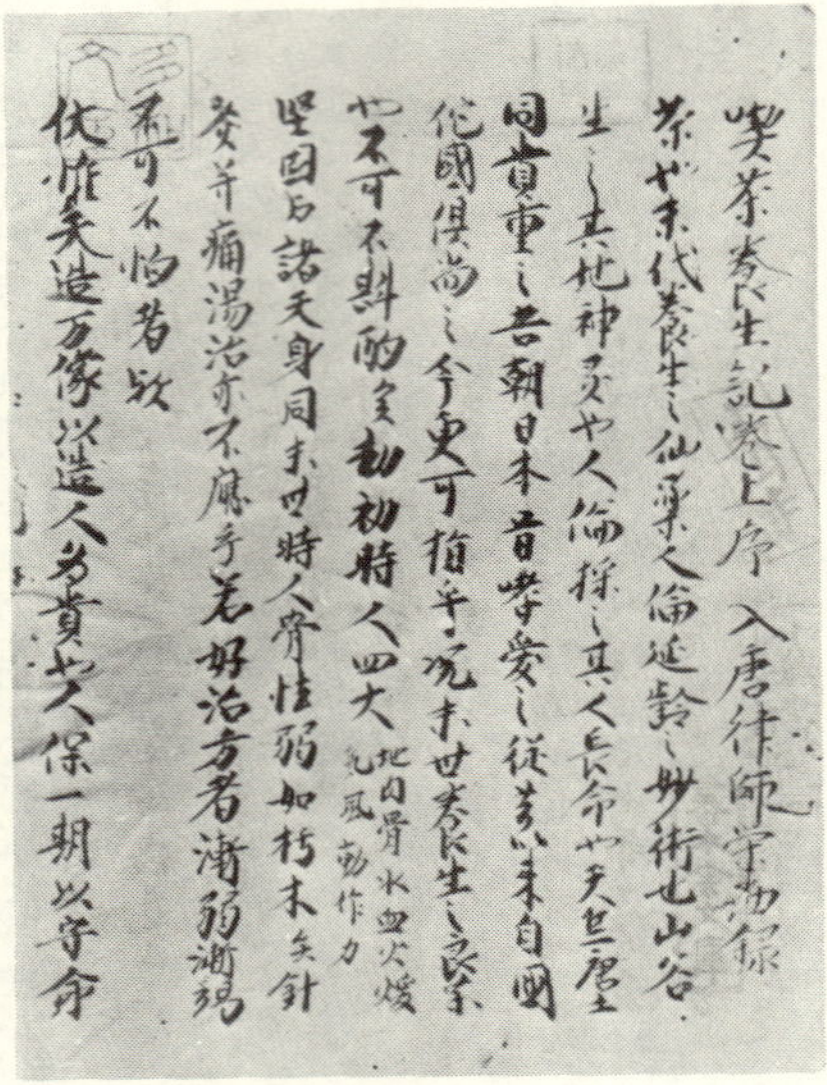

『喫茶養生記』巻頭(多和文庫蔵)

茶徳の書

さて、本書が「茶の徳を誉むる所の書」であったのは、その冒頭の「茶は(末代)養生の仙薬、(人倫)延齢の妙術なり」(カッコ内は再治本では省略)という言葉が示すように、茶のもつ養生延齢の功徳を書いているからに他ならないが、具体的にいえば「肝臓は酸味を好み、肺臓は辛味を好み、心臓は苦味を好み、脾臓は甘味を好み、腎臓は鹹《かん》味を好む」という『尊勝陀羅尼《そんしょうだらに》破《は》地獄《じごく》儀軌《ぎき》秘鈔《ひしょう》』の文句を引用し、苦味をふくむ茶の服用によって心臓の調子がよくなり、すべての病気も治るであろう、とするのである。そして以下六章に分けて、茶の名称・樹形・効能・摘葉時期・方法および茶の調製の方法などを説明している。森鹿三氏の調査によれば、引用文献二十二種のうち、二種を除いて他はすべて宋の百科事典である『太平御覧《たいへいぎょらん》』巻第八百六十七、飲食部二十五「茗」の項によって援用したものであった(『茶道古典全集』第二巻)。『太平御覧』といえば治承三(一一七九)年十二月平清盛が西八条邸において高倉天皇皇子(のちの安徳天皇)に奉ったことが想起され、すでにわが国に入っていたことが知られるが、栄西が見たのが在宋中であったのか帰国後のことであったのかは明らかでない。

ところが森氏の指摘にもあるように、第六章の茶の調製法と、どういうわけか下巻に書かれている茶の飲み方についての部分のみは何らの引用文献なしに、もっぱら入宋時の見聞に基づいて宋朝現行の作り方と飲み方とを述べている。すなわち前者については、「朝の間に摘み取った茶葉を早速蒸《む》し、その日のうちに乾燥し始め、焙棚《あぶりだな》で緩急よろしく、徹夜して翌暁までに焙り終える。これを上等の茶瓶に入れ、竹の葉で密封すれば、何年も変質しない」とし、後者については、「茶は非常に熱い白湯《さゆ》で服用するのがよい。その量は一文銭大の匙で二、三匙であるが、多少は随意である」とある。作り方・飲み方ともに抹茶(法)であったことは明らかで、大半が孫引きであった本書の真価も、右の部分にあったといってよい。

『喫茶養生記』はわが国における最初の茶書であるが、その特徴は、書名にも示されているように茶のもつ実用性＝茶徳を説くにあり、後世強調されるようになる「茶禅一味」といった意識のひとかけらもないということである。これには栄西自身が禅僧というより台密の僧として活躍したことも無関係ではないであろうが、この事実の確認は、これ以後における茶の歴史を考える上で、是非とも必要なことである。喫茶におけるこの「実用主義」から「精神主義」

千服茶臼（鎌倉極楽寺）

への変質過程を捨象もしくは無視した茶禅一味論がいちじるしく非歴史的であり、ときに空疎であるのは、決して理由のないことではない。

大茶盛の世界

栄西による抹茶法の伝来が機縁となって喫茶への関心が高まるなかで、茶の歴史は二つの方向に分れて行ったように思われる。一つは、これまで見て来たような茶の薬用効果＝茶徳の面で利用する世界であり、一つは、喫茶における儀礼化の方向である。後者をめぐる問題については第二章で論ずることとし、ここでは『喫茶養生記』の時代、換言すれば茶徳の時代に属する前者の問題について言及しておきたい。

ところで、これまで用いて来た茶徳とは、あらためて述べるまでもなく、茶のもつ効用＝功徳の意であったが、鎌倉時代には人びとに施す意味での茶の功徳が行なわれた。西大寺の長老

西大寺大茶盛　茶を点てる道具もすべて大きい

叡尊が北条実時の懇請を拒み切れず鎌倉に下ったのは弘長二(一二六二)年二月のことで、二十日余りを要しているが、これに同道した弟子の性海が書き留めた道中記の『関東往還《おうげん》記《き》』によると、「六日、守山宿において茶を儲《もう》く」、「七日、愛智河宿において茶を儲く」とあるように、叡尊は道中宿々において「茶を儲」けている。一行が茶を点てて飲んだというのであれば、せいぜい「茶を喫す」でよいと思われるから、この「儲茶」というのは、誰かのために茶を特別用意したことに違いない。新仏教の興隆に刺激されて社会教化に活路を求め、行基菩薩の再来といわれたのが叡尊やその弟子忍性らであったことを思うと、これは非人乞食をふくむ庶民の教化、授戒の方便として、薬としての茶を施したことをい

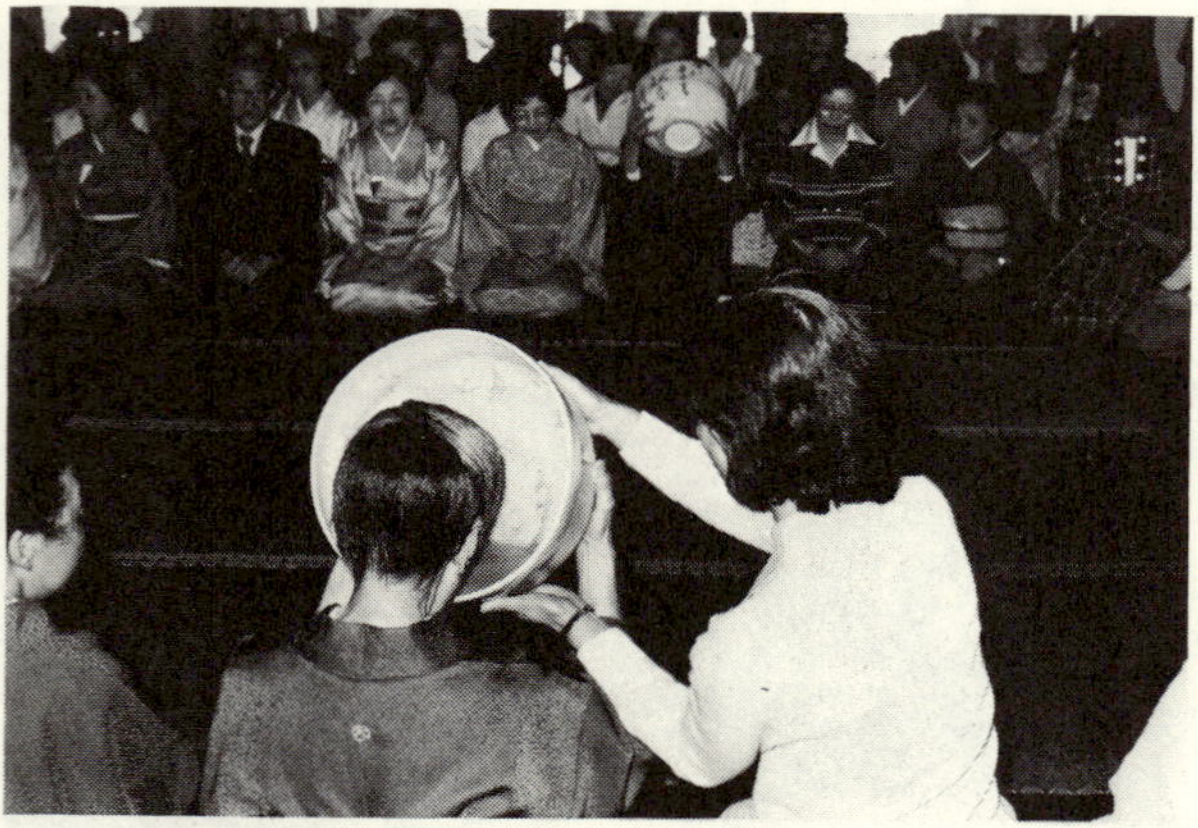

田村忌大茶盛　これは清水寺で行なわれている大茶盛

うのであろう。西大寺には早くから茶園があり、叡尊や忍性にゆかりの深い鎌倉極楽寺の境内には千服茶臼と称するものがある。

その叡尊が、暦仁二(一二三九)年正月、菩薩流の年始修法を行ない、その結願の日、鎮守神の八幡宮に献じた茶の余服を僧侶に喫せしめたのが、世にいう西大寺大茶盛の始まりと伝えている。いまでは直径三十センチを超える大茶碗で参会者に飲ませているが、幕末につくられた赤膚《あかはだ》焼の大茶碗はそれほど大きくはない。中世でも同様であったろう。

それはともかく、この大茶盛の原型は仏前供茶にあったといえる。この場合八幡宮に献じたのは、これが当寺の鎮守(地主)神であったためで、神仏習合の中世には格別珍しいことではないが、一般には茶は仏前に供えられるものであろう。『茶酒論』ではないが、茶が仏なら、神の好んだのは酒であったから、それを仏前(神前)から下げて、会衆で飲み合うという趣好も、神祇の世界における直会《なおらい》に相当するものであろう。しかも当初は寺僧中心に行なわれたものが、郷村の行事にくみ込まれて郷民相手に拡大され、こんにち見る大茶盛の原型ができ上ったものと考えられている(永島福太郎「西大寺の大茶盛」『大和文化研究』七―十)。大茶盛とは大茶振舞いの意である。

皇服茶

西大寺の大茶盛と同様、仏前供茶に由来するものに皇服茶がある。王服茶とも大服茶とも書かれ、村上天皇の病悩の折り、空也上人が六波羅の十一面観音像の霊夢によって茶を献じたところ、たちまち平癒されて以来、元旦に同寺の茶を貢進させることとしたというものであるが、皇服・王服はもとより大服も当て字であり、右の伝承もその当て字の字面に引き寄せてつくられた筋書であったと考える。皇(王、大)服茶の原義は「御仏供茶《おぶくちゃ》」、すなわち仏前に供えた茶のことで、その余服を皆で飲み合ったのであろう。ただしこの王服茶が新年の祝儀茶として正月に出される背景に、中国の同類の正月行事の影響といったものが考えられるかも知れない。いずれにせよ王服茶も大茶盛と同根の行事であったことが知られると思う。

余談ながら関東は館林の茂林寺に伝える分福茶釜も、その原義はたぶん「分《ぶん》・仏供茶《ぶくちゃ》(釜《がま》)」ということではなかったろうか。そしてお湯がくめども尽きなかったというのは、それが千服茶臼ならぬ施茶用の千服茶釜でもあったことを暗示している。

二　茶の湯の成立

1　バサラの茶寄合

鎌倉幕府の成立は、京都の他にもう一つ、鎌倉という政治の拠点を出現させた。それにともない従来は辺陲への道にすぎなかった東海道が幹線道路となり、にわかに人馬の往反がふえた。『海道記』や『東関紀行』、あるいは阿仏尼の『十六夜日記』といった紀行文が生れたのも、この時代の特徴である。その道を辿って、茶もまた東国へ伝えられることとなる。

茶を好む人びと

すでに見て来たように、わが国への抹茶の将来者である栄西の鎌倉下向は、関東における喫茶の歴史にも新たなページを開くところとなったし、大茶盛で知られる叡尊の海道往還は、その間における儲茶を通じて、地方の衆庶の世界にも茶をひろめる役割を果したことであろう。

余談ながら、茶の衆庶へのひろがりということについては、無住の著わした『沙石集《しゃせきしゅう》』に次のような話をのせていて、その〝反証〟がないわけではない。

坊さんがお茶を飲んでいるところへ牛飼《うしかい》が通りかかって、尋ねた。それは何ですか。坊さん答えていうには、これはお茶というものでな、三つの徳がある。一つはねむけ醒ましになる、二つは食を助ける、三つは不《ふ》発《はっ》になるのだ。これを聞いた牛飼、昼間働いて寝るだけが楽しみなのに、眠れないのは困る。わずかのものしか食べないのに、消化がよくなるのではやり切れない。ましてや女房が抱けなくなるなんて、まっぴら御免、といったものだ。かくして無住はいう。ものにはそれぞれ向き不向きがあるものだ、と。ただし右の三つ目の〝功徳〟については、わたくしはその科学（医学）的根拠を知らない。

それはともかく、ここでは鎌倉時代の地方、ことに鎌倉における喫茶の風のひろがり、それと表裏の関係にある茶の栽培の普及ぶりを知るために、『金沢文庫古文書』を主な素材として考察し、やがてはじまる茶の湯の時代への導入としたい。金沢文庫は、先の叡尊を鎌倉に招いた北条（金沢）実時が、宝治元（一二四七）年正月、鎌倉邸が火災にあったのをきっかけに、所領である武蔵国六浦《むつら》庄金沢の別荘に営んだものと考えられ（関靖『金沢文庫の研究』）、そのご歴代によって数千巻に及ぶ和漢の典籍が蒐集保管された。『徒然草』の作者吉田兼好も一度ばかりこの文庫を訪れている。現在の建物はむろん新しいものであるが、ここには茶関係の史料——主として書状であるが——を多数伝えているのである（熊原政男『鎌倉の茶』）。

金沢貞顕

ところで実時は別荘内に寺も建てている。亡母のため文応元（一二六〇）年に建立した称名寺がそれで、文永四（一二六七）年には下野国の薬師寺から妙性房審海を開山に迎えている。そのご当寺には明忍房釼阿（二代）・本如房湛睿（三代）が入って寺観が整えられ、

称名寺の池　汀の石は貞顕が性一に立てさせたものか

鎌倉末期には元亨三（一三二三）年の結界図に見られるような七堂伽藍を誇るまでとなった。この称名寺の整備に与って力あったのが、金沢文庫の充実にも力を入れた実時の孫の貞顕である。北条氏の一族として鎌倉幕府の重臣となり、評定衆をつとめ、ごく一時期ながら執権ともなっている。親しかった釼阿あての貞顕書状（『金沢文庫古文書』四八〇号。以下番号のみ記す）によれば、性一なる者に命じて当寺の庭に石（青嶋石）を立て、白砂を敷かせている。いまも池中に見える石がそのときのものであろうか。貞顕はまたこの池に水鳥を遊ばせている。

貞顕のこうした風流は、祖父実時ゆずりのものであろうが、若いころ、乾元元（一三〇二）年以来六波羅探題（はじめ南方、のち北方も。両方をつとめる例は希有）をつとめ、前後十一年間も京都で生活したことと無関係ではないであろう。その間宮廷貴紳や寺社との公私にわたる接触があり、長子の顕助は僧侶となって京都の仁和寺真乗院に入っている。貞顕の茶への趣味もこの在京時代に培われたものであった。後欠であるが釼阿あてのものと思われる、次のような貞顕書状（六二六号）がある。

京都茶者顕助をこそたのみて候しが、下向仕候之間、た（賜）び候人なく候、連々に申入候ぬとおぼえ候。

刑部権大輔（摂津親鑒）近日上洛之間、明日餞送仕候。新茶大切候。先日給候者、はやみなのみうしないて候。寺中第一の新茶、少分拝領候者悦入候。茶をこのみ候人〳〵来臨候ぬと覚候之間、令二用意一候也。兼又、顕助法印小童等、所労得二少減一候之際、喜悦候。（後欠）

先日頂いた新茶はもうみんな飲んでしまったので、寺中で一番いいお茶を分けて頂けたら幸甚である。茶の好きな人々が来臨されることもあろうと思うのでそれの用意にも、という趣旨であるが、鎌倉にも「茶を好む人びと」がおり、茶が愛好されていた事情を知ることができよう。別の書状（七一四号）によれば、「御所」こと皇族将軍守邦親王も「茶を御このみにて候」といわれている。なお先掲文書の尚々書には、息子の顕助を通じて「京都の茶」――たぶん栂尾《とがのお》の茶のことであろう——を求めていたことが知られる。もっともこの折りは顕助がすでに鎌倉に下っていて叶わなかったのであるが。そんなわけでこの書状では、称名寺でできる茶の上等なのを釼阿に求めたのであった。

称名寺の茶園

称名寺には茶園があり、寺中での需要を満たしていたばかりでなく、貞顕をはじめ「茶を好む人びと」の求めにも応じていた。極楽寺二世順忍の書状（一〇〇四号）にも、

> 貴寺之新茶一裹《つつみ》拝領仕候了。世間之茶薗者純熟甚之間、新茶処々流布仕候。貴寺御茶者、勘利御座候之間、未レ出二茶薗一之。（後欠）

とある。称名寺の茶をいうのに「勘利」（利を勘《しら》べる）とは耳馴れない言葉だが、すでに出廻っている世間の茶と対比されているところからすると、丁寧につくられて品質がよく貴重なことをいっているのであろう。その一方「世間の茶薗」の茶が「純熟」し「流布」しているといった言葉からも、当時における茶の栽培のひろがりがいかにもよく汲みとれる。

称名寺から分けられたのは、できた茶だけではなかった。茶を植えたいので「茶の実」を少々分けてほしい、といった内容の釼阿あて僧縁西書状（一〇四〇号）もある。

貞顕はまた称名寺の釼阿からもらった茶を必要の際に磨《す》ってもらっている。茶を磨るとは、茶葉を茶臼で引いて抹茶にすることである。またしばしば茶碗（建盞）・茶筅・茶盆以下の茶道

具を借りている(四三九号)。当然のことながら当寺には茶道具一式があったが、そのなかには「大茶垸」(六〇七号)があり、また「いたく大に候はぬ」茶筅(四八九号)の借用方を申し入れているのは、大茶筅もあったからであろう。大茶垸に大茶筅といえば先に見た西大寺の大茶盛が想起されよう。じじつ先の「大茶垸」は、貞顕の方から釼阿に茶を進呈した時、その大茶垸で「衆僧」に飲ませてほしい、といっているところを見ると、文字通りの大形茶碗であり、それで廻し飲みをしたものと思われる。大茶盛は関東でも行なわれていたのである。

遊興の茶

そんなわけで貞顕は、先に引用した書状(六二六号)からも知られるように、顕助法印や同じく息子で六波羅探題となった貞将《さだまさ》、あるいは家臣の倉栖《くらす》兼雄らの手を通じて栂尾の茶(八〇四・八〇五号)や伊賀の茶(五一七号)を送らせ、元徳二(一三三〇)年六月、京都から六年ぶりで関東に帰ることになった貞将に対しては、

又から(唐)物、茶のはやり候事、なをいよいよまさり候。さやうのぐそく(具足)も御ようひ(用意)候べく候。

と書いて、唐物具足を買って帰るようにと注文している(二一七九号)。茶は京・鎌倉間の人的交流を通じ、「京・鎌倉ヲコキマゼテ」普及・流行していた。

そんな折り、すなわち元徳二年三月四日、前執権高時が二階堂の紅葉谷《もみじがやつ》の庵室に入った際、夢窓疎石が円覚寺よりかけつけて高時に茶を勧めており(七二〇号)、疎石もまた「茶を好む人」

金沢貞顕の骨壺(金沢文庫蔵)

であったことを知るが、その疎石が著書の『夢中問答』のなかで、「今時、世間ニケシカラズチヤ(茶)ヲモテナサルルヤウ」を見て歎いているのが印象的である。疎石によれば、茶は「蒙ヲ散ジ眠ヲサマシテ道行ノ資《タスケ》」となるべきものであるはずなのに、現下の流行は、「養生ノ分ニモナルベカラズ、イハンヤソノ中ニ学ノタメ道ノタメト思ヘル人アルベカラズ。アマツサヘ世間ノ費トナリ、仏法ノスタル因縁」であるといい、茶が遊興に流れていることを指摘している。茶勝負＝闘茶のような遊興の茶がすでにはじまっていたからである。

金沢貞顕は、鎌倉幕府が元弘三(一三三三)年五月二十二日、新田義貞軍の総攻撃を受けた時、高時以下北条一族とともに東勝寺に集結し、そこで自尽した。その墓は称名寺の境内にあり、戦前墓石の下から青磁の骨壺が発見された。おそらくそれは、唐物を愛好した貞顕の遺愛の品であったに違いない。

群飲佚遊　話は九年ほど遡ることになるが、『花園院宸記《しんき》』元亨四(一三二四)年十一月朔日条に、近日、日野資朝・同俊基らが結集会合して乱遊し、飲茶の会を催している。世にこれを「無礼講」あるいは「破礼講」の衆と称しているとのことだ、とある。後醍醐天皇方(大覚寺統)の廷臣が倒幕の密議を謀った折りのことであるが、その際行なわれた飲茶の会というのが、おそらく飲茶勝負、すなわち闘茶の会のことであったと思われる。『光厳院宸記』に、対立する持明院統方の廷臣間でも賭物の出される飲茶勝負が行なわれたことを記し、それは「茶の同異を知る也」とされているからである(正慶元(一三三二)年六月五日条)。

さて鎌倉幕府が亡び、建武政治がはじまって間もなくのころ立てられたという「二条河原落書」のなかに、

茶香十炷《じっしゅ》(種)ノ寄合モ
鎌倉釣《づれ》ニ有鹿《ありしか》ド
都ハイトゞ倍増ス

とあったことはよく知られている。京童《きょうわらべ》の口遊《くちずさみ》であるから多少の誇張は免れがたいが、当時の世相を巧みにつかんでいる。ただし十炷(種)香や十炷(種)茶、すなわち聞香や闘茶の会は、京

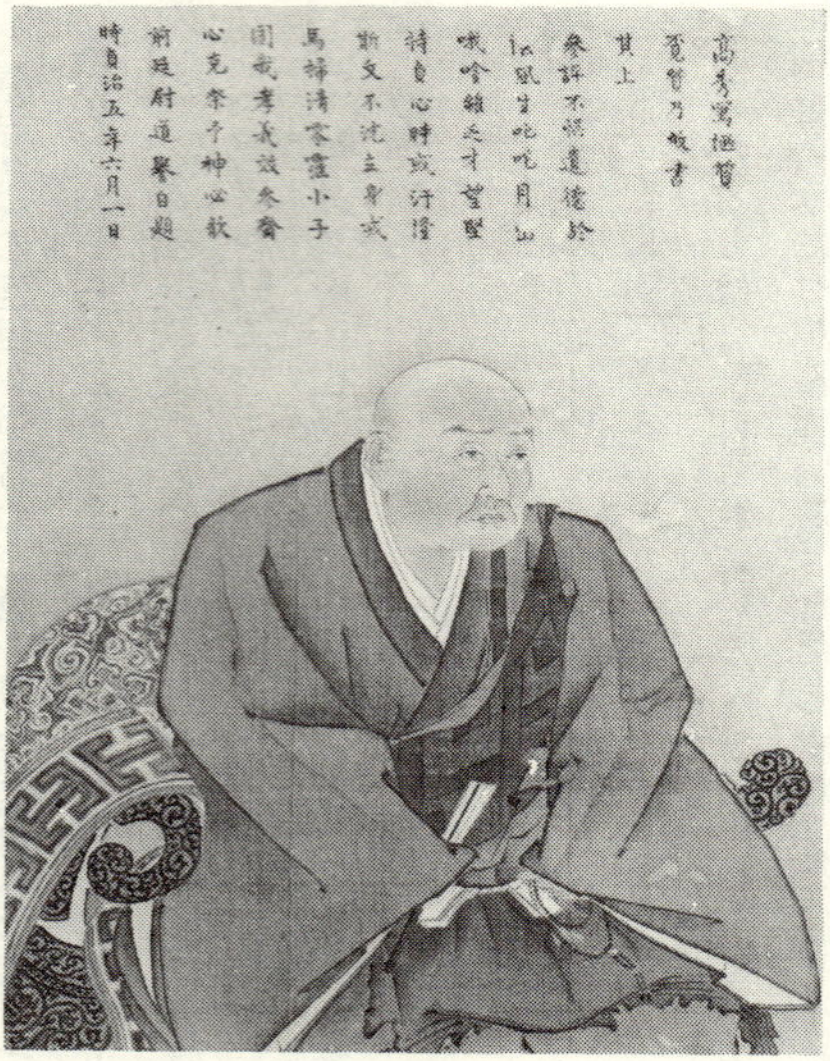

佐々木道誉像（模本，部分，滋賀県勝楽寺蔵）

都よりも鎌倉の方が本場であったかのような口ぶりであるが、その点についてはいささか疑問に思う。おそらく大挙して京都に上って来た関東以下の大名武士たちが、「都ニハ佐々木佐渡判官道誉《どうよ》ヲ始トシテ、在京ノ大名、衆ヲ結テ茶ノ会ヲ始メ、日々寄合、活計ヲ尽」（『太平記』巻三十三）したことに、強烈な印象を受けたせいであろう。同じく『太平記』によればこの道誉は、「我宿所ニ七所ヲ粧テ、七番茶ヲ調ヘ、七百種ノ課《かけ》（賭）物《もの》ヲ積、七十服ノ本非ノ茶ヲ飲」（巻三十六）んだといい、大原野の花会では、「其（花）陰ニ幔ヲ引、曲彔《きょくろく》ヲ立並ベテ、百味ノ珍膳ヲ調ヘ、百服ノ本非ヲ飲テ、賭、山ノゴトク積上」（巻三十九）げたという。飲茶勝負は公家たちのはじめるところであったと思うが、大名武士たちの上洛以後は、たちまちかれら在京大名たちにお株を奪われてしまった。しかもその茶寄合において莫大な賭が積まれたことから、その過差（贅沢）ぶりが評判となり、しばしば「バサラ」(婆娑羅・跋折羅)の振舞いとされたのであった。

バサラとは梵語のvajraに由来し、金剛と訳されるが、金剛石がすべてを打ち砕くところから、転じて舞楽で標準をはずれた拍子のことをいい、そこから目立つ、派手に見える、という意となり、さらには遠慮なく振舞う、身分を超えて贅沢をする、といった意味ともなった。つまり当時の社会的風潮であった下剋上そのものであり、南北朝時代の流行語であった。

そんなことから建武政府の瓦解後、足利尊氏が幕府を開いた時も、政道の基本方針を記した『建武式目』の第二条において「群飲佚遊を制せらるべき事」が問題とされ、茶寄合が連歌会とともにやり玉に上げられている。

> 格条の如くんば、厳制殊に重し、剰え好女の色に耽り、博奕の輩に及ぶ。此外又、或いは茶寄合と号し、或いは連歌会と称し、莫大の賭に及ぶ。其の費、勝《あげ》て計《かぞ》え難きものか。

ここにあげられている連歌会が「座の文学」とも呼ばれるように、中世における代表的かつ典型的な寄合の文芸であったことについては、のちにあらためてふれよう。

在京大名について

ここで、このようなバサラの風潮に関連して、その主体となった在京大名について一言しておきたい。

足利尊氏による京都での開幕は、いってみれば武家政権における鎌倉から京都への〃遷都〃であった。先にも引き合いに出した『建武式目』の冒頭には、柳営(幕府)の場所は政道の如何によることであって所を選ばない、としているが、実際問題として京都以外の土地は考えられなかった。吉野に潜幸していた後醍醐天皇の帰洛を阻止するためもあったが、鎌倉時代を通じて発展した流通経済の中心地京都を抑えることなしには政権の確保は不可能であったからである。その点、公家の呪縛力の及ばない東国に開かれた鎌倉幕府とは、明らかに時代的な違いがあった。その結果政治の二極構造は崩れ、京都において公武が併存することとなる。

こうして京都に幕府が開かれたのにともない、諸国の大名武士たち多数が上洛し、洛中各所に宿所を構えるようになった。しかもこのような大名武家の京都止住は一時的なものではなく、幕府の方針としてそのご制度化される。江戸時代、大名やその家族を江戸の藩邸に住まわせた、あの制度の先蹤をなすものである。そんなわけで室町時代の京都は想像以上に武家人口が大きかったと考えられている。高尾一彦氏は応仁・文明の乱ころの京都の人口を十五、六万人と推定し、そのうち公家や神官・僧侶が一万人、武家は四、五万人にのぼったろうと計算している(『京都の歴史』第三巻)。もとより確実な数字というのではないが、中世の京都が公家の町という以上に武家の町であったというのは、十分留意しておいてよいことであろう。こうして京都は、在京大名衆が伝統的公家的な文化と接触し、やがて武家文化を生み出す母胎となるのであるが、しかしそれはなおしばらく先のことである。いま論じている南北朝期は、政治的社会的な動揺のなか、公武や都鄙の風俗が混淆し、在京大名らによるバサラの寄合の盛行する季節のただなかにあった。

闘茶点取表

さて群飲佚遊ときめつけられたバサラの茶寄合とは、具体的にはどのような方法でもたれたのであろうか。先にもふれたが、当初は「茶の同異を知る也」とあるように、本茶と非茶の味別を競う単純な形式のものであったようだ。本茶とは栂尾茶、非茶とはそれ以外の土地でできた茶の意である。

あらためていうまでもなくこうした飲茶勝負は、茶の栽培が各地に普及し、茶の種類がふえることが前提条件であった。南北朝時代の成立になるとされる『異制庭訓往来』には、主たる産地について次のような記述がある。

> 我が朝の「名山」は栂尾を以て第一となすなり。仁和寺・醍醐・宇治・葉室・般若寺・神尾寺は是れ「補佐」たり。此の外、大和室尾(室生)・伊賀八島(服部)・伊勢河居・駿河清見・武蔵河越の茶、皆是れ「天下の指言」するところなり。仁和寺及び大和・伊賀の名所を処々の国に比するは、瑪瑙《めのう》を以て瓦礫に比するが如し。又、栂尾を以て仁和寺・醍醐に比するは、黄金を以て鉛鉄に対するが如し。

寺院茶園がなお中心であるが、次第に寺院をはなれて農山村茶園が出現しつつあった傾向が認められよう。『金沢文庫古文書』にいう「世間の茶薗」も、こうした有名無名の地方茶園のことであったに違いない。

本非十種

	豊	ミ	三	祐	日(目カ)	信	大	ミ	祐	信	
唐	非	非\	非\	非	本\	本\	本	非	本	非\	五
大	非	本	非\	本\	非	本\	非\	非	本	本	四
目	非	本	非\	本\	本\	本\	非\	本\	本	非\	七
三	本\	非\	非\	本\	非	本\	非\	非	本	非\	七
信	本\	非\	本	本\	非	本\	本	非	非\	非\	六
豊	非	本	非\	本\	非	本\	非\	非	本	本	四
良	本\	非\	非\	非	本\	本\	非\	本\	非\	本	八
□(祐カ)	非	非\	本	本\	本\	非	非\	本\	非\	非\	七
備	本\	非\	非\	非	本\	非	非\	本\	非\	非\	八

(イ) 本非十種茶勝負

さてここに掲げたのは新旧二種の飲茶勝負の採点表で、「本非十種」とある方(イ)は、『祇園社家記録』康永二(一三四三)年十二月四日条の紙背にあるもので、管見によればこの種の採点表のうち最古のもの。奥書に延徳三(一四九一)年正月二十一日の日付をもつ「十種茶勝負」の方(ロ)は、吉川家本『元亨釈書』紙背に見える記録で、茶勝負としては退潮期のものであるが、もっとも標準的な「四種十服」茶勝負の採点表であるところから例示してみた。この二つの点取表から闘茶会の実際について説明しておこう。

時期的には逆になるが、説明の容易な後者から取り上げる。まず上に記してある「花・鳥・風・月……」というのが、当日の参会者の名乗りで、ふつうはイニシャルを記すが、ここでは気取ってこのように記したもの。したがって実名は分らない。それにしてもあとの方が「山」「木」とはいささか味気ない。つぎにこの競技を四種十服というのは、三種類の茶を各三服と、いま一種の茶を一服することによる。表のなかで

	1	2	3	4	5	6	7	8	9	10	
	二	**一**	**二**	**三**	**三**	**三**	**二**	**一**	**一**	**ウ**	
花	二\	三	ウ	二	三\	一	一	二	一\	三	三種
鳥	二\	一\	三	三\	ウ	二	一	一\	二	三	四種
風	三	二	ウ	三\	三\	一	三	二	一\	三	三種
月	ウ	二	三	三\	二	一	二\	一\	一\	三	四種
梅	二\	一\	三	三\	ウ	二	一	一\	三	二	四種
桜	二\	一\	三	ウ	二	一	三	二	一\	三	三種
松	二\	一\	ウ	一	三\	三\	一	二	一\	二	五種
竹	ウ	二	三	一	二	三\	一	二	一\	二	二種
楓	二\	ウ	三	二	三\	一	三	一\	一\	二	四種
山	二\	一\	二\	三\	三\	三\	二\	一\	一\	ウ\	十種
木	二\	一\	三	三\	三\	ウ	一	一\	二	二	五種

延徳三年正月廿一日
記十十十種茶勝負
新殿方へ御出時御興行御茶
御人数十一人、仍如件、
十種茶勝負

(ロ) 四種十服茶勝負

「一」「二」「三」とあるのがその記号(したがってここではそれの具体的な銘柄までは不明)で、「ウ」とあるのは「客」茶のことをウ冠で表わしたもの。他の三種については、前もって試飲させるのに対して、一種だけはそれをしなかったのでこの称が生れた。表の一番右に書いてあるのがその出された順序で、出席者は次々と出された茶の種類を飲み分け、それぞれの札を入れて行くわけである。表中「\」(合点《がってん》)のついているのが、正しく飲み当てた分で、三―五種といったところがふつうであるが、見て頂ければお分りのように「山」だけは全部飲み当てている。「ヤマが当る」とはこれから来た――というのはウソで、まぐれ当たりどころか、この「山」氏は大変なベテランであったろう。茶師の人を交えての闘茶会（ただし煎茶の）で、わたくしは一割も当たったろうか、ところがその人は「皆点《かいてん》」で、流石と感心したことがある。この闘茶は近世に「茶カブキ」として復活したが、そこでは満点のことを皆点という、ここにはいないが、全く当たらなかった場合は、「チョット」でしたというのである。これは一寸した思いやりである。

ところでこの点取表には奥書に「十十十種茶勝負」とある。おそらくこうした十種茶勝負を三回くり返したことを意味し、したがってこの表は、その三回目の点取表であったものと思われる。そこからの連想であるが、バサラの大名佐々木道誉らの行なったという七十服とか百服の茶勝負とは、連続して飲んだというより（飲んだこともあったろうが）、こうした十服茶を七回とか十回と重ねたもののことではあるまいか。

寄せ茶茶会　しかし百服ともなれば徹夜仕事であった。祇園社の執行であった宝寿院顕詮らがもった康永二年九月十五日の本非百種（服）の場合、「戌刻（午後八時）よりこれを始め、暁天に結願《けちがん》し了《おわ》んぬ」（『祇園社家記録』）とある。なに、百服も飲めば（口にふくむだけでも）目はさえて、徹夜も苦にはならなかったろう。

一方の点取表(イ)は、右の顕詮らが百服茶をもった三カ月後、十二月四日条の紙背に見えるもので、そのころ行なわれた本非茶勝負の採点表である。上に書かれている「唐・大・目……」

は参会者の頭文字である。ところがこの表は、(ロ)表とちがうところがある。

(1)　(ロ)のように「一・二・三・ウ」ではなく「本」「非」の区別しかない。

(2)　出された茶の順序を記すべきところにも、参会者(の大部分)の頭文字(豊・〃・三……)が書いてある。

(1)はまだしも、(2)はどういうことか、当初わたくしはその意味をはかりかねていた。しかし(ロ)表と同じく合点のついたものが飲み当てた銘柄であろうから、合点分をつないで行けば、茶は「本・非・非・本・本・本・非・本・非・非」の順序で出されたことになる。そこでそれと一番右に書いてある頭文字との対応関係を調べてみた。こうなる。豊＝本・非、祐＝本・非、信＝本・非、大＝非・本、三＝非、目＝本。これは、参会者全員ではないが四人が本茶と非茶を出し、二人が本茶または非茶だけを出し、合計すれば十服分の本茶と非茶とが用意されたということであろう。むろん本人たちには出された順序は伏せてあるはずである。また本茶はこの時期栂尾茶と考えてよいが、非茶の方は、じっさいには人ごとに違っていたと思われる。

しかしそれにしてもなぜここに茶名もしくはその記号でなく、人名が書かれているのか。そこでこれをのせる『祇園社家記録』に当たってみた。すると、執行の顕詮らの行なった康永二年九月十五日の百種茶の場合、「一、仁和寺浄智寺主・備前両人来、本非茶百種持来之間、云々」とあって、参会者みずからがこれから行なう闘茶会に必要な茶を持参している事実が知られる。

同記録裏文書の七月二日付題詮書状によれば、そうして催す茶会のことを「よ(寄)せ茶」と称していたことも分る。(イ)表は、まさしくこうした寄せ茶による茶勝負の点取表なのであった。

これがようやく辿りついたわたくしの結論である。そして、道誉のように、多分主催者側が全部を用意するのではなく、参会者が持ち寄って行なうこうした闘茶会の方が、むしろ一般的であったと思う。室町初期の『看聞御記《かんもんぎょき》』などに見られる、頭役《とうやく》をきめて持ち回りで茶会をもつ「順事茶会」も、このような方法でなされたものであり、それがまた茶会盛行の原因にもなったのであろう。雲脚――『下学集《かがくしゅう》』には「雲脚 悪茶ノ名也、言ハ茶ノ泡、早ク滅《き》ヘ、浮ベル雲ノ脚ノ早ク過ギ去ルガ如シ也」とある――といわれるような粗茶をもってする茶会、いわゆる「雲脚茶会(事)」が流行ったゆえんである。

2 禅院清規と茶礼

建仁寺茶会 毎年四月二十日、栄西ゆかりの建仁寺(京都市東山区)で特異な茶会が催される。当日、大方丈の正面には開山栄西の画像をなかに三幅対が掛けられ、その前に三具足、部屋の中央には大香炉が置かれる。そこへ案内された会衆三十二人が回り敷きされた畳に坐る。正式な作法としては僧侶四人が所定の場所に坐るが、これは、この茶事を四ッ頭《よがしら》の茶会ともいうように、四人の正客（主位・賓位・主対位・賓対位）にそれぞれ八人の相伴客がついた名残りである。したがって一席で三十六人が拝服に与ることになる。時間にして二十分余りである。

さて客衆が坐り終ると、廊下に待機していた侍香《じこう》の僧がまず開山に焼香・献茶し、ついで四人の供給《くきゅう》の僧が、それぞれ正客以下に菓子盆と天目茶碗とを配って行く。このとき天目茶碗にはすでに適量の抹茶が入っており、それを天目台ごとに渡すのである。

こうして準備ができ上ったところで、先ほどの供給の僧が、注口に茶筅をはめたままの浄瓶《じんびん》を左手にもって客の前に立ち、正客には腰を下げ、相伴客には中腰で、前かがみになりながら湯を注ぐ。そこのところをもう少し具体的にいうと、まず茶筅を右手にとり、ついで浄瓶を左手にもったままで、客が目の高さに差し出す天目茶碗に湯を注ぎ、ついでその浄瓶を右脇下につけ、右手にもつ茶筅で茶を点てる。つまり客人の目の前で、しかも客人が持ったままの茶碗で点茶をするわけである。客人は点茶をうけたのち、これを喫することになる。その茶礼の一端は、七六―七七ページに掲げた写真からもうかがえると思う。

現在の茶会とはかなり勝手の違う茶事であるが、遅くとも南北朝時代には行なわれていた。『太平記』（巻三十三）に例のバサラ大名、佐々木道誉たちの催した茶寄合のことをいうのに、「四主頭《ししちゆう》ノ座ニ列ヲナシテ並居《ナミイ》タレバ云々」とあり、四主頭すなわち四ツ頭の茶会であったこ

建仁寺の茶会①

とが知られるからである。

もっとも、これはいい方が逆かも知れない。なぜなら建仁寺の茶会が中世以来断絶することなく今日に及んだとは考えられず、むしろある時期に再興されたものと見るべきであろう。しかしあとで指摘するような点の疑問を除けば、現行の茶事は『太平記』の時代まで十分遡りうる、禅院茶礼の古態を保っていると見てよい。この時期に成立した『喫茶往来』に、建仁寺のそれとほぼ同じ内容の茶事が記されているからである。

『喫茶往来』

『喫茶往来』は玄恵法印の作とされるが確証はない。掃部助氏清と弾正少弼国能、周防守幸村と五十位君源蔵人という二組の往復書簡の形式をとり、後者は来るべき本非茶会のために五種の茶についての判詞を求めたものであるが、前者の氏清の書状というのが、「昨日の茶会光臨無きの条、無念の至り、恐恨少なからず。満座の鬱望多端。御故障何事

建仁寺の茶会②
焼香——正面には栄西の像を中に三幅対とその前に三具足あり

建仁寺の茶会③
行盞——抹茶入りの天目茶碗を配る．すでに菓子(角盆)は配られている

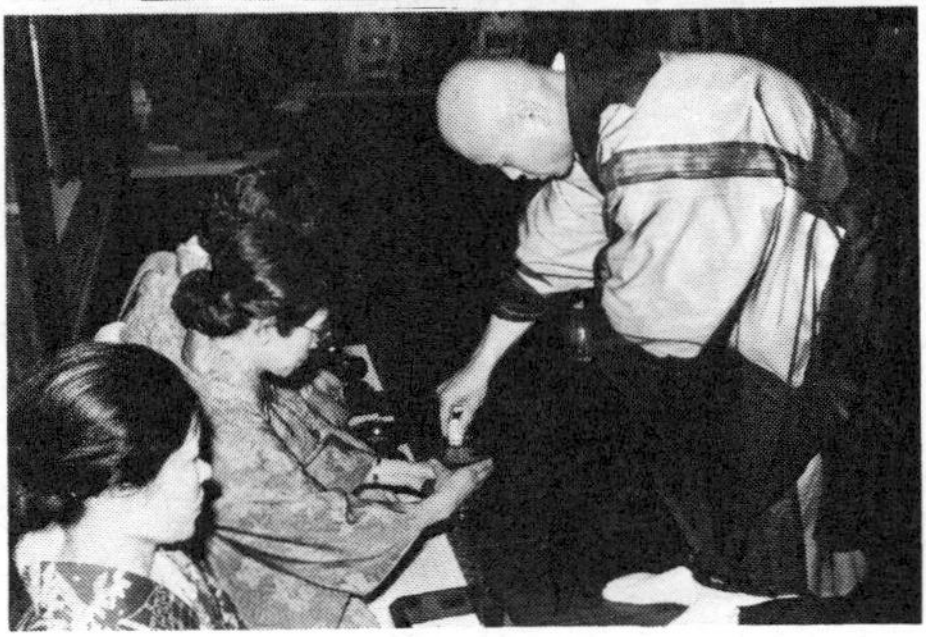

建仁寺の茶会④
行茶——客のもつ茶碗に中腰で点茶．左手にもつ浄瓶は右脇下に

ぞ」という言葉で始まり、欠席した国能に当日の茶会の有様を詳しく書いてやったものである。その前半における「会所」や茶事の行なわれた「奇殿」の「為体《ていたらく》(様子)」については、のちにふれるとして、その奇殿で次のような手順で茶事がもたれたというのである。会衆列座の後、

(イ) 亭主の息男、(客人に)茶菓を献じ、

(ロ) 梅桃の若冠(紅顔の若者)、建盞《けんさん》(天目茶碗)を通《とりつ》ぐ。

(ハ) 左(手)に湯瓶を提げ右(手)に茶筅を曳き、上位より末座に到り茶を献じ、次第雑乱せず。

これによると、(イ)の息男は建仁寺茶会での供給の僧に当たり、(ロ)の場合、すでに茶碗には抹茶が入っていただろう。(ハ)における点茶法は、建仁寺のそれと全く同じである。

留意されることの一つは、『喫茶往来』の記述によると、こうした方法による「茶(事)」は重ねて請うこととなしと雖も、数返の礼を敬し」たあと、四種十服の茶勝負が行なわれ、さらに酒宴に及んでいることである。というのは当時の茶会あるいは茶寄合と呼ばれたものは、すでに見て来たように多くの場合いわゆる闘茶(や酒宴)で終始したのであるが、それとは別個に、こうした作法による茶事も行なわれていたことを暗示するからである。そしてその部分が禅寺での喫茶儀礼そのもの、あるいはそれが民間にひろまった姿に他ならなかった。

禅院清規　第一章で見て来たように、わが国における喫茶の風は平安初期以来の歴史を有していた。ことに寺院=僧侶の世界では必需品といわないまでも愛用されていたことは

間違いない。しかし季御読経の引茶について説明した折り指摘したように、そこに喫茶儀礼(茶礼)といえるほどのものがあったとは思えなかった。平安仏教をふくめて旧仏教の世界からは、ついに茶礼は生れなかった。ただ茶はその薬用性において飲まれるだけであった。

鎌倉時代に降っても、その点ではかわりはなかった。げんに抹茶法を伝えた栄西自身、『喫茶養生記』を著わして茶のもつ薬用効果を喧伝するばかりであったし、旧仏教の系譜を引く真言律宗の叡尊らが茶を社会事業に用いたのも、考え方において違いはない。栄西は禅宗(臨済禅)の将来者であるが、この時期には禅院においても茶を一定の規則の下で飲むということはしていない。

茶礼は、禅院において僧侶の日常守るべき行儀作法が重視され強調されるなかで取り入れられた「清規《しんぎ》」にふくまれていたのである。清とは清衆すなわち修行者の集団をいい、規とはその規律・規則のことである。中国ではすでに唐代に百丈懐海《ひゃくじょうえかい》のつくった『百丈清規』があったが、早く亡び、宋代に宗頤《そうさく》の撰述した『禅苑《ぜんおん》清規』というのが、そのごにおける清規の基本とされていた。のちにわが国の禅院が取り入れたのも、この『禅苑清規』である。

栄西も禅宗の将来者として清規に無関心というのではなかったが、わが国で清規を最初に重視したのは越前に永平寺を建てた道元で、『禅苑清規』に準拠して『永平清規』を撰述している。また仁治二(一二四一)年に帰朝した東福寺開山の聖一国師円爾弁円は、『禅苑清規』一巻を持ち帰り、それに基づいて東福寺の規則をつくっている。そのご寛元四(一二四六)年に来朝した中国僧蘭渓道隆は、わが国の禅院に宋風の規範を大いに移植したようで、無住の『雑談集』には、「ことに隆老唐(宋)僧にて、建長寺(に)如二宋朝一作法(を)行はれしより後、天下に禅院の作法流布せり。時の至るなるべし」とある。

今枝愛真氏の「清規の伝来と流布について」(『日本歴史』一四六号)は、こうした状況を述べたあと、鎌倉末期の嘉暦元(一三二六)年に来朝した清拙正澄の『大鑑清規』の重要性を説く。すなわち清拙は建長・浄智・円覚・建仁・南禅の諸寺に歴住したが、わが国の僧が唐(宋)僧の説に従わず、日本の古例に固執するのを批難して、「禅宗清式はみな唐法に依るべし」と主張し、日本禅院の規矩を正したため、これがわが国の禅院全般に受容されて行ったという。ついで清拙の弟子であった古鏡明千により『勅修百丈清規』が板行された。この清規はそれまであった諸清規の集大成であったが、それが中国で成立後わずか二十年ほどでわが国に伝えられ、公刊されたのである。南北朝室町初期のことであるが、室町幕府の保護の下で五山禅林の諸機構が整備される時期に当たっていたことも、清規の導入に積極的となった理由として見逃せない。

喫茶喫飯儀礼

この清規のなかに、喫茶喫飯儀礼がふくまれていたというわけである。煎点薬石の法は禅院における共同飲食儀礼であった。

たとえば衆寮行茶の場合。茶事を始めるに当って茶頭《さじゅう》(茶事の頭役)が寮前の版を打ち、大衆が到るごとに揖迎《いつげい》(礼をして迎える)する。大衆が所定の位置につくと、住持が聖像に問訊《もんじん》焼香する。そして寮内の小版が鳴らされるのを合図に、点茶役の僧が住持に「行盞《ぎようさん》」し、ついで大衆に行盞する。ついで「行茶《ぎようちや》」し、それが終ったら茶頭は中立して問訊し、一同に茶を喫するように勧める。そこで大衆は盞(茶碗)を擎《ささ》げて喫する。終れば小版が打たれるのを合図に盞を収め、大衆は起立する。そして住持は炉前に進み、点茶した人と大衆に代わって茶を謝し、大衆も同時に合掌し、寮前の版が鳴らされるのを合図に解散する。特異人《どくいにん》(とくべつにもてなすべき人)がある場合には、住持とその特異人が主役となる。いずれにせよここに「行盞」とあるのは天目茶碗を住持や特異人、大衆に渡すことであり、「行茶」とは点茶をすることである。したがって茶碗にはすでに抹茶が入っていたと考えられ、点茶作法は建仁寺や『喫茶往来』のそれと変りなかったのである。

唐礼　このように建仁寺茶会は禅院で行なわれた茶礼の古態を示しているといえるのであるが、先にも保留しておいたように、一つだけ――しかも重要な点で――疑問がある。それは、現行の茶会では客は大方丈に回り敷きされた畳に坐り、行盞・行茶を受けているが、本来は椅子にかけるものではなかったか、ということである。

のちのことになるが、醍醐寺三宝院の満済の日記である『満済准后日記』永享六(一四三四)年六月五日条に、次のような記事がある。「この日将軍義教は、来朝した唐船の使いを幕府で引見したが、その際母屋の室礼は、東に曲彔《きょくろく》(椅子)一脚を立てて主人(義教)の座となし、西に曲彔二脚を立てて唐使内官の席とし、庇《ひさし》に三脚を立てて同外官の席となした。そして国書の披見があったのち曲彔について茶礼が行なわれた。この儀は鹿苑院殿(義満)の応永九(一四〇二)年の例に従ったのであるが、その折りの茶礼の様子は、はっきり覚えていない。唐使の内官が建盞を取り違えて進めたそうである。「唐礼」なのであろうか」。

当然といえば当然のことであるが、椅子にかける習慣をもつ中国人の使者を迎えるのに曲彔と三脚(簡単な椅子)を以てし、それで茶礼を行なっている。文中の「唐礼」の意味は、直接には建盞を取り違えて進めたことにかかるかのようであるが、椅子による茶礼全体を唐礼というふうにいってもよいと思う。そしてどうやらこういう唐礼が本来の禅院茶礼であったと見られる。

喫茶の亭　『喫茶往来』にもその椅子のことが出てくるのである。この時代(南北朝・室町初期)における「喫茶の亭」の椅子を知っておくためにも、少し長文であるが、関係部分の要旨を書きあげておこう。内容に従って適宜改行してある。

(喫茶の亭の)正面には、本尊として張思恭(宋代の画家)の彩色の釈迦説法図を左に、牧渓法常(同前)の墨絵の観音図を右に掛け、さらに普賢・文殊菩薩の絵が脇絵に、寒山・拾得の絵が面飾《おもてかざり》として掛けられている。

その前に置かれた卓《しょく》には金襴が掛けられて胡銅の花瓶が置かれ、錦繡で飾った机には鍮《ちゅう》石《じゃく》(真鍮)の香匙《こうじ》・火箸《こじ》が立てられている。瓶花が美しく咲き、炉中の香がほのかに匂ってくる。

客位の「胡床《こしょう》」には豹の皮を敷き、主位の「竹倚《ちくい》」には錦沙が掛けてある。所々の障子にはすべて唐絵が掛けられ、香台には堆朱《ついしゅ》・堆紅《ついこう》(朱紅の漆をぬった漆器)の香合を並べ、茶壺にはそれぞれ栂尾・高雄の茶袋がつめてある。西廂《ひさし》の前には一対の飾棚を置いて種々の珍菓(果物)を積み、北壁の下には一双の屏風を立て、色々の懸(賭)物を構え、その中に鑵子《かんす》(釜)を置いて湯を沸し、回りに飲物を並べて巾《ふきん》で覆っておく。

こうした道具立てのなかで、先に紹介した茶礼が行なわれたわけであるが、これによって主人客人の座が「胡床」「竹倚」つまり椅子であったことが知られよう。それと分れば、現行の建仁寺茶会で供給の僧が行盞・行茶の際、前かがみの姿勢となる不自然さも、「唐礼」から畳に坐る、いわば倭風にかわったせいであることも了解されて来る。

唐風から倭風へ

茶礼におけるこの唐風から倭風への移行は、部屋の板間に畳が敷きつめられ、いわゆる座敷が出現することによって全面的に完了するが、しかしその移行は漸進的なものであったと思われる。というのはわが国でも、天皇の座所である清涼殿に大床《だいしょう》子《じ》すなわち椅子と日御座《ひのおまし》と呼ばれた畳の座や円座などがあったように、唐風の椅子生活と倭風の畳もしくは円座による生活とが併用されていたからである。

ただしこの場合の坐り方は正座《せいざ》ではなく、胡座《あぐら》か安座《あんざ》(足裏を合わせて坐る)、あるいは片膝を立てて坐るといったもので、正座になったのは近世に入ってからのことであった(熊倉功夫『茶の湯』)。わたくしの知人に、いまでも片膝を立てて坐る公家の〝末裔〟がいる。

それはともかく、唐礼が倭風化する過程では、亭主と主たる客人とは椅子を用いるが、その他の客は円座や畳に坐るといった折衷あるいは混合した形式の時期もあったに違いない。そしてこうした茶礼が唐風から倭風＝坐礼に移ったとき「茶の湯」が成立したといえると思う。

これが『喫茶往来』の記述で留意される第二の点とするなら、第三に本書はいわゆる「床の間」が出現していない時期の部屋飾りが示されている点で重要である。

唐物数奇

その特徴は、部屋を飾るのにもっぱら唐絵——「日域の後素《こうそ》(日本の絵画)にあらず、悉く以て漢朝の丹青(中国の絵画)」とある——が用いられ、茶道具もまた唐物であったように、いわば唐物荘厳《しょうごん》(飾り)の世界であったことに求められる。茶の湯成立の要件の一つがこの唐物趣味＝数奇である。ここではその背景といったものについて少し見ておきたい。

以前引用した金沢貞顕の書状(六三ページ)には、鎌倉末期、京・鎌倉を問わず茶と唐物の流行すること、「なをいよいよまさり候」とあったが、じじつ唐船が帰朝して鎌倉中に唐物多し、といわれ、称名寺では唐物披露が行なわれている(『金沢文庫古文書』四一九—二〇、四八二号)。

その鎌倉は円覚寺にかつて仏日庵という塔頭があった。執権北条時宗が弘安五(一二八二)年、宋の高僧無学祖元を開山に請じて建立したという由緒をもつが、残された什物目録(『仏日庵公物目録』)により、多数の唐物を所蔵していたことが知られている。この目録は、奥書によると、はじめ元応二(一三二〇)年六月に作成されたが、そのご紛失したり方々に贈与されたりして移動があったため、貞治二(一三六三)年四月現在の物をもって注し置いたというもので、鎌倉末期・南北朝期における禅院寺庵の什物を見ることができる。

唐物の将来　すなわちそれによると、自賛・多賛のある諸祖頂相三十九点をはじめ、絵画・墨蹟・法衣・仏前具足など厖大な数にのぼり、しかもそれらのすべてが唐物であった。絵画では徽宗皇帝・牧渓・趙幹・李孤峯・李迪《りてき》・崔白らの名が見られ、また墨蹟も虚堂・無準など十数人、具足としては花瓶・茶碗・茶桶・香炉・香合・薬合・印籠・円盆・方盆・燭台・筆・硯・筆架・水入など多数が書き上げられている。当庵の由緒にもよろうが、それにしても大変な数の什物である。そしてこの事実はわれわれに次のようなことを教えてくれよう。一つは、唐物といえばふつう室町時代のものと思い、それはもっぱら日明(勘合)貿易によって輸入されたかのごとく考えがちであるが、実際にはすでに鎌倉時代に多数将来されていたこと、である。鎌倉最末期か南北朝初期に成立したといわれる『徒然草』のなかで吉田兼好が、

唐の物は、薬の外は無くとも事欠くまじ。書どもはこの国に多くひろまりぬれば、書きも

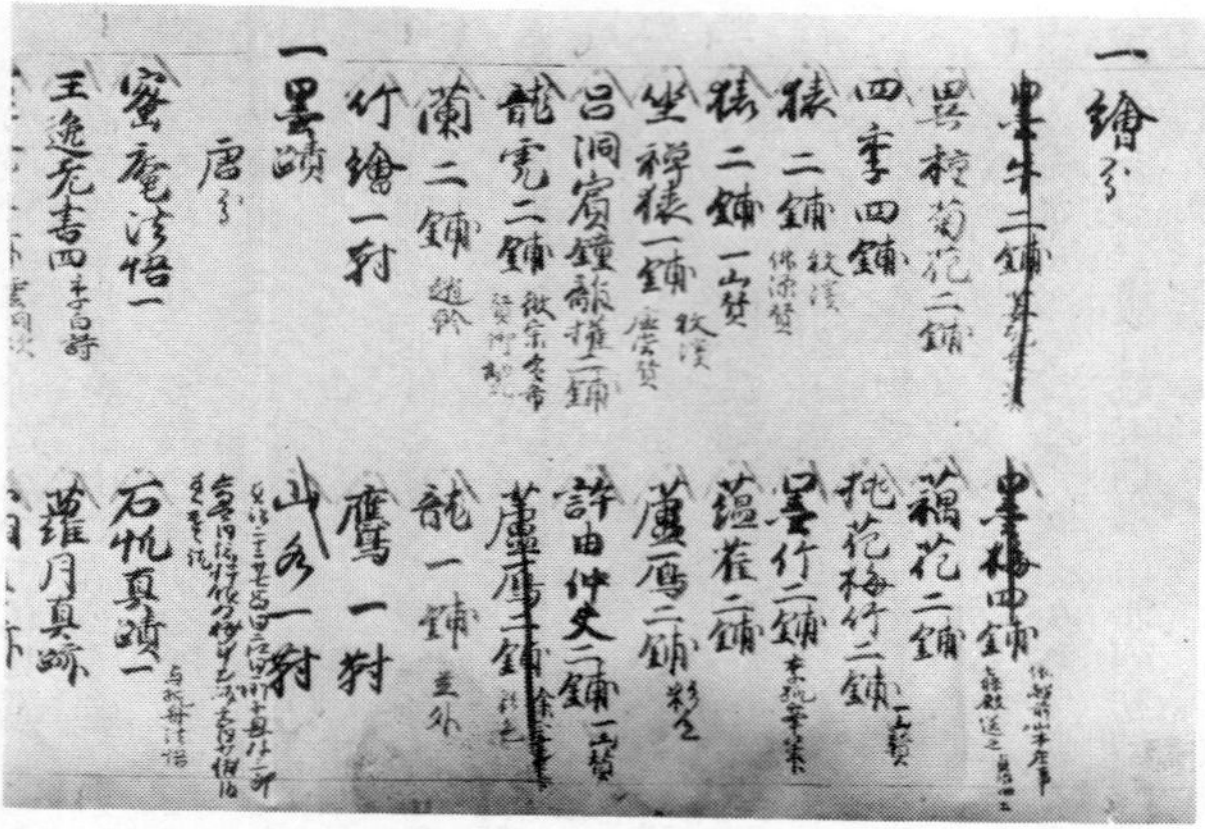

引出物とした由を記す

写してむ。もろこし舟のたやすからぬ道に、無用の物どものみ取つみて、所せ（狭）く渡しもてくる、いと愚なり。「遠きものを宝とせず」とも、また「得がたき貨《たから》を尊まず」とも、文にも侍るとかや。（百二十段）

と唐物崇拝を批判したのも、鎌倉期における伝来を前提にしてはじめて理解できることであろう。

二つは、こうした鎌倉期における唐物の将来には、元寇や倭寇といった障害にもかかわらず意外と思えるほど盛んに行なわれていた商船の交易によるところが少なくなかったこと、しかしそれ以上に大きな役割を果したのが、彼我禅僧による将来ではなかったか、という点である。じじつ鎌倉後期における禅僧の往来には目を見張るものがあり、ほとんど連年にわたっている。

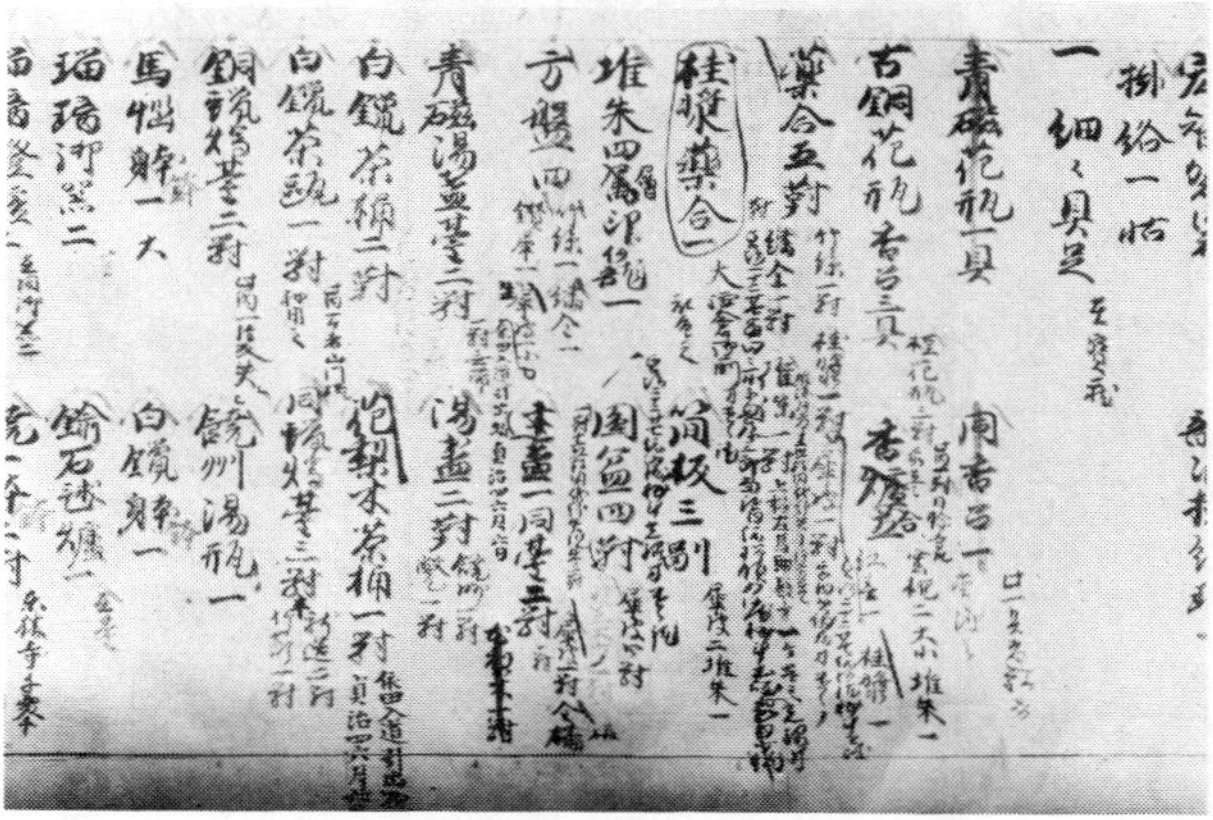

『仏日庵公物目録』(部分，鎌倉円覚寺蔵)　こまかな書き込みは方々への

禅院における祖師高僧の頂相や墨蹟、あるいは水墨画といったもののもつ意味とか、道場荘厳具としての仏前具足類の果す機能を考えるならば、交易を直接の目的としたのではない、こうした禅僧による将来にこそ、唐物唐絵の基本的なルートがあったといってよいと思う。もっとも隋唐の時代から、渡航した僧侶学生らの役目は、かの地での勉学の他に、経典書籍の類を多数購い求めて持ち帰ることにあったから、ひとり禅僧に限るものではないが、それら将来品が経典類とは違って数奇の対象となり、禅院の道場荘厳具たることをはなれ、民間の邸宅において鑑賞されるようになって行くことを考えれば、結果として禅僧の果した「モノ」文化の伝達者としての役割を、もっと考えてみる必要があるように思う。

什物の移動

ちなみに『仏日庵公物目録』は、前にもふれたように、什物の移動があったため改訂されたが、その主たる理由というのが、目録の中ほどに「方々へ進めらるる仏日庵絵以下の事」という一項があり、またそれとは別に、各所に同類の事実を記す書き込みがあるように、絵を中心とする各種什物が諸方への進呈という形で流出したことにあった。たとえば観応三(一三五二)年四月十八日足利尊氏が当庵へ入御したとき、「四聖絵四舗・寒山拾得一対虚堂賛・松猿絵一対牧渓・犀皮円盆一対・堆朱一対」の五色を、「引出物の不足により」進めたといい、以下同様に足利義詮・同基氏、尾張守護土岐頼康・同直氏、越前守護斯波高経、千葉介氏胤、上杉左馬助といった武士にも各種唐物が贈られている。ことに興味ぶかいのは土岐氏や斯波氏ら守護へ贈られた理由で、それは当円覚寺領である尾張国富田庄や越前国山本庄が押領されることがあり、その「秘計」のための贈物であったという点である。地方の守護大名やその被官層が貴重な唐物唐絵を入手したのは、主としてこうした方法によるものであったのだろう。

そしてこの事実はまた、唐絵唐物の受容が禅僧社会を母胎としながらも、鎌倉末期から南北朝期にかけて民間——といっても主として武家社会であるが——にひろまり、それにともない、本来もっていた宗教的な意味や機能をはなれ、賞翫と所有欲の対象となっていたことを物語っている。「数奇」とは対象は何であれ、それに心を寄せ執着することであるとするなら、これはまさしく唐物数奇であろう。『喫茶往来』は、その唐物数奇による茶の世界を描いたものに他ならない。

3 芸能空間としての書院

南北朝・室町初期に成立した『喫茶往来』の世界をたずねるなかで、当時の喫茶法の特徴といったものをいくつか見て来たが、それがもたれる場としての「喫茶の亭」の構造については殆ど触れるところがなかった。そこでこの節では喫茶の「場」——ただしまだ「(専用)茶室」とはいえない——をめぐるいくつかの問題を取り上げ、「禅院茶礼」を母胎とする「書院(殿中)茶の湯」の特質を明らかにして行きたい。

幕府の殿舎

以前「在京大名」について触れた際、足利氏による京都での開幕は、武家政権の〝京都遷都〟であるといったが、それにともなう大名武家の京都集住は、伝統的な公家文化の土壌の上に武家文化の開花を促す要因となった。そのことを具体的に示してくれるのが、幕府の殿舎のあり方とその変遷であろう。

早い時期、幕府の正殿——公式の行事が行なわれる場、いわゆる晴《はれ》の建物は公家の邸宅と同じ寝殿造で、寝殿の他に透渡殿・二棟廊・中門廊などといった構造物があった。入洛した尊氏

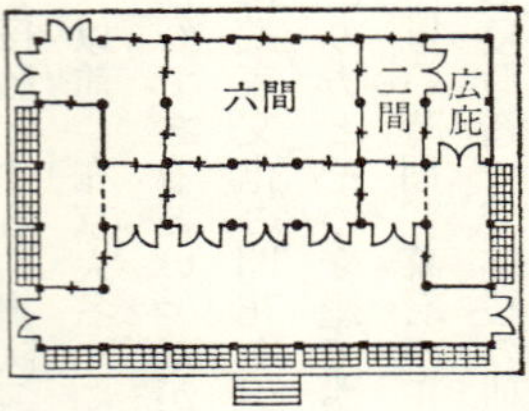

a

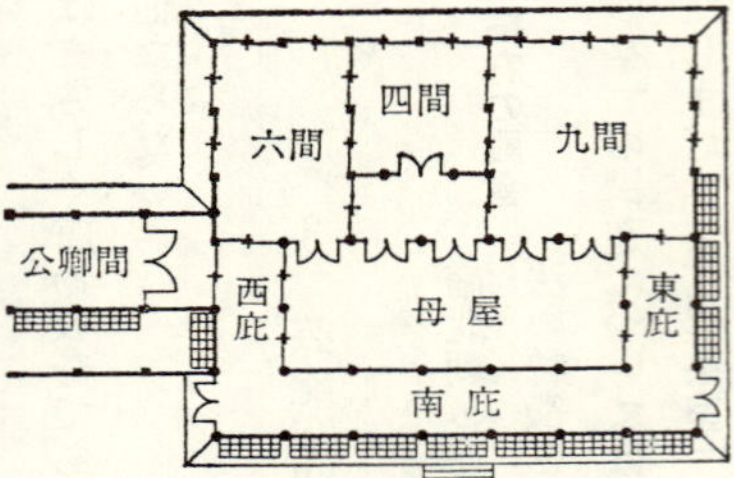

b

が当初住んだのが公家（鷹司宗雅）の邸宅であったのはともかく、そのご幕府殿舎として営んだ三条坊門殿（三条坊門南、姉小路北、富小路西、万里小路東）の正殿も寝殿造である。しかもそれは、幕府体制を確立した三代将軍義満の室町殿（上立売南、今出川北、烏丸西、室町東）、いわゆる「花の御所」の場合でもかわりはなかったのである。この花の御所は永和四（一三七八）年に完成している。「室町」幕府の呼称がこれに出ることはいうまでもない。

ただし室町幕府の殿舎が以後ここに固定されたのではない。つぎの将軍義持は、はじめ義満の室町殿におり、応永十五（一四〇八）年五月義満が没したのちは一時期北山山荘にも居住したが、翌年三月、三条坊門の旧地に殿舎を新築して移っている。この義持が正長元（一四二八）年正月に没すると、弟の青蓮院義円が還俗して将軍となり、名を義宣のち義教と改めたが、義教は一時三条坊門殿に住んだのち、永享三（一四三一）年、新造なった室町殿に移っている。そんなわけで室町殿を上御所、南に

a　義満の北山殿寝殿(川上貢氏復原図による．『日本中世住宅史の研究』)
b　義教の室町殿寝殿(国立国会図書館蔵指図による)
c　義政の東山殿会所(中村昌生氏復原図による．『京都の歴史』第3巻)

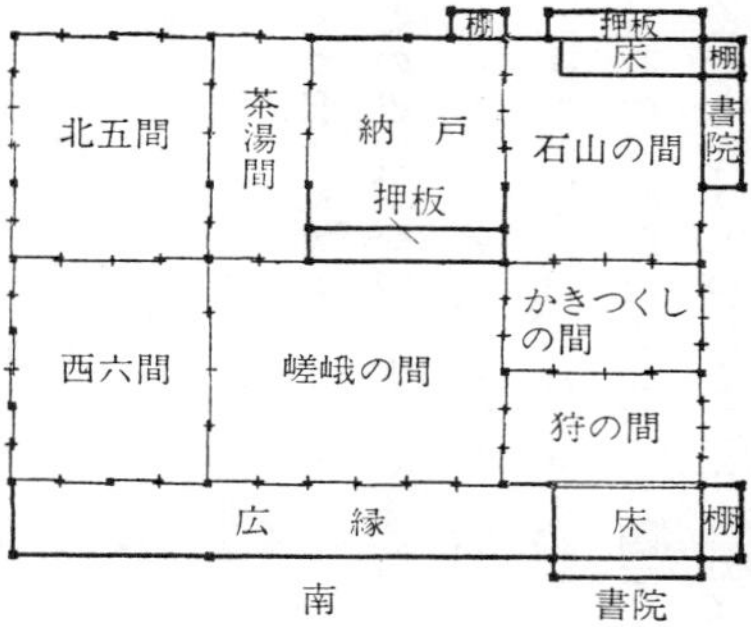

c

ある三条坊門殿を下御所といい、幕府の建物はこの両所が交互に用いられたのである。しかしいずれの場合も晴の建物は寝殿造であった(川上貢『日本中世住宅史の研究』)。

もっともその間に変化がなかったわけではない。正殿である寝殿の前面はともかく、後半部、つまり褻《け》の部分が角柱・遣戸《やりど》となり、また間仕切りが施されて独立した部屋が出現したことである。角柱は遣戸とか障子・襖の使用に対応して現われたもので、書院造化の指標に他ならない。これに対して寝殿造は丸柱に板敷、蔀戸《しとみど》、部屋仕切りのないのを特徴としていたことはいうまでもない。こうした変化に加え、部屋に畳が敷きつめられ、いわゆる床の間(押板床《おしいたどこ》・書院・違い棚)がつくと、書院造として完成するわけであるが、そうした寝殿造から書院造への変化が、まず正殿のうしろの部分で進行しつつあったわけである。

会所の出現

注目されるのは、晴の建物におけるこうした変化と対応するかのように、庭間建物群——寝殿など晴の建物とは別に営まれた観音殿・小御所・泉殿などをいう——のなかに「会所」が登場したことである。

会所とは人びとの会合する所の意であり遊興の場のことである。そして泉殿とか小御所など既存の建物なり部屋を利用すればそれがすなわち会所であって、特定の建物を指すものではないし、ましてや建築様式をいう言葉でもなかった。『太平記』巻三十七には、康安元（一三六一）年十二月、南軍楠木正儀・細川清氏らの攻撃を受けて都落ちした佐々木道誉が、その宿所の「六間（十二畳）ノ会所」に大紋の畳を敷き並べ、本尊・脇絵・花瓶・香炉・鑵子・盆などを置き調えて座敷飾を施し、眼蔵《めんぞう》（寝所）や遠侍《とおざむらい》（詰所）にも宿直物《とのいもの》や飲食物を用意し、遁世者二人を留め置いて、この宿所に来るものに一献を進めよと命じたという話がのせられている。道誉が日々に寄合って催したという連歌会や茶寄合は、この会所においてのことであったろうが、この場合、会所は眼蔵や遠侍と連結していたと思われ、独立した建物というのではなかった。ところが義満の室町殿に至り、独立した建物としての会所（一字）が出現する。ついで義持の三条坊門殿には、はじめ東御会所が、そのご奥御会所が建てられて二字の会所となり、さらに義教の室町殿は永享三（一四三一）年から同八年までの間に建てられたが、ここでは南向会所・会所泉殿・新会所と三字が建てられている。時期が降るほどふえており、会所への関心の昂まりが示されている。そしてこの間建築様式としては書院造の建物として進化しつつあった。

このような会所の建物の増加は、幕府における遊宴、ことに義満の代から顕著となる和歌・連歌・松拍子《まつばやし》・田楽・猿楽・茶の湯といった文芸関係の会合が恒例・臨時の殿中行事とされたことと表裏の関係にある（村井『日本文化小史』）。とくに室町時代の代表的な文芸とみなされる連歌の場合、月次《つきなみ》（月例）の会となり、後述するような同朋衆《どうぼうしゅう》がその連衆として参加するのがつねであった。また将軍の北野社参と関連して法楽連歌がしきりと行なわれている。とくに有名なのは義満が明徳二（一三九一）年二月十一日に催した一日万句の法楽連歌で、このとき北野社の境内には二十ヵ所にわたって会席が設けられ、大名・僧侶・公家たちが地下連歌師とともに参加している。北野社に連歌会所がおかれ、斯界の第一人者がその宗匠に任じられるようになったのも、当社と連歌とのこうした結びつきによるものであった。そしてこの義満を先例としながら各種文芸を月次の会としたのが義教で、永享初年、和歌会についで連歌会が恒例行事化されている。そしてこの間、会所は義政の東山山荘会所のように完全に書院となり、これが従来の正殿（書院造化しつつあった寝殿造の建物）にとってかわることになる。その移行は義教から義政にかけての時期、十五世紀の後半期のことと考えてよいであろう。

会所＝書院造は武家社会で本格的に展開した武家文化の象徴であったといえる。そして茶の湯もこの書院（造）を場として最初の定型化を見るのである。

会所の書院化は、新しい生活空間の誕生を意味していた。第一に、いわゆる床の間が出現し、座敷飾の場が生れたこと、であり、第二に、そこでは畳が敷きつめられたこと、である。

座敷の出現と座敷飾

畳が敷きつめられた部屋、すなわち座敷が、板敷で円座に坐る寝殿造の部屋にくらべて、格段にくつろげる生活の場となったことはいうまでもなく、それが「座敷芸」を生み出した根本理由である。茶の湯はその座敷芸の最《さい》たるものであった。その成立の指標が、椅子による唐風茶礼から畳に坐る倭風茶礼への変化にあったことは、すでに述べた。

第一の点について理解するには、床の間の出現する以前の部屋飾について見ておくことがのぞましい。前節で関係部分を引用した『喫茶往来』の記事(八二ページ)がそれを示してくれる。すなわちこれによれば、本尊や脇士の絵が直接壁に掛けられているのはまだしも、障子も唐絵を掛けるために利用されている。観応三(一三五二)年というから南北朝期に成立したことのはっきりしている『慕帰絵』五巻三段の部分には、主人公の覚如《かくによ》が『閑窓集』を編むに当たって催した和歌会の様子が描かれているが、壁に柿本人麿と草木の三幅対が掛けられ、その前、板敷にじかに香炉や瓶花が置かれている。ふつう香炉や瓶花・燭台は押板《おしいた》か卓《しょく》の上に置かれ、これを三具足《みつぐそく》といったが、その押板もここでは用いられていない。

しかしこれなどはまだよい方であった。時期は少し降るが、伏見院貞成《さだふさ》親王の『看聞御記《かんもんぎょき》』

和歌会の部屋飾(『慕帰絵』5巻3段，西本願寺蔵)

によると、洛南伏見の御所(このころは、親王の祖母庭田資子の山荘を改めた、宝厳院という禅宗尼寺)で催された花会では、屏風に絵を掛けまわしている。ここでは毎年七月七日になると七夕法楽と呼ばれた花会が催され、部屋に瓶花が飾られたので「花座敷」ともいわれたが、人麿像や天神名号を壁や屏風に掛けることによって和歌会や連歌会の会所となったばかりでなく、茶が出され楽が奏され、時には酒宴が深夜に及ぶ饗宴の場ともなった。そんな花座敷でのことであるが、永享五(一四三三)年の場合、「座敷飾、屏風二双立てまわす。絵廿五幅懸けまわ」したとある。前日「南禅寺より屏風二双、絵十幅借り給う。明日の座敷飾室礼など、屏風を立て、聊かこれを飾」ったものである。これは茶会の時でも同様なのであるが、それにしてもこのように屏風を二双・三双と立て、それに唐絵を七幅・十九幅、さてはこの時のように二十五幅も掛けまわす部屋飾とは、こんにちの感覚からは理解しがたいものがあろう。本来観賞の対象であるはずの屏風がここでは唐絵を掛けるための小道具でしかなく、またそれに掛けられた唐絵にしても、さほど広くもない部屋に二十五幅とは、賞翫が目的というより、室内を華やかに飾り立てるための道具立てでしかなかったことを示している。これは公家社会での例であって武家の場合ではないが、しかしこれが唐絵数奇といわれた時代の一面でもあったのである。

似絵

こうした唐絵数奇に関連して留意しておきたいものに、「似絵《にせえ》」がある。唐絵であるか否かの真贋の判定(目利《めきき》)は、のちに述べる同朋衆の重要な職掌であったが、ここにいう似絵は必ずしも「贋《にせ》絵」というわけではない。唐絵に似せて日本人の画家が描いた絵のことであるから、贋絵には違いないのであるが、日記類から知られるところでは唐絵の代用品として結構愛好されている。

やはり『看聞御記』の記事であるが、その嘉吉三(一四四三)年九月十八日条を見ると、「御使の物(者)、四幅一対の大絵持参、君沢筆と云々。相国寺僧ニ見せしむ。君沢筆ニあらず、似せ絵なり」とあって、いかにも贋物視されているかのようであるが、それに続けて、「如何様よき絵の由、聞こし召し当て、朱子一段、小盆四方珪璋等ニ相博(交換)し了んぬ。山水殊勝の絵なり、自愛せしむ」とある。本物の唐絵でなくても絵がいいからと「自愛」しているのである。

美術史の上で似絵といえば、神護寺に伝えられる源頼朝や平重盛の画像をはじめ、水無瀬神宮の後鳥羽院の画像、あるいは現宮内庁蔵の天皇摂関大臣列影図巻などや、それを描いた藤原隆信・元信あるいは豪信といった画家のことが想起されるが、南北朝時代にその画系が廃れて肖像画としての似絵の語の用法が後退したのにかわって登場するのが、この唐絵の似絵である。似絵とは対象を写実的に描いた絵のことであるから、唐絵そのものを対象とした絵でも、画題や筆様を似せて描けば、それを似絵と称してもおかしくはないわけである。したがって、「此の間障子画これを図書す。当世絵師玉阿これを描く。唐絵山水なり、殊勝なり。客殿以下奇麗壮厳、目を驚かし了んぬ」(同前、応永二十六(一四一九)年二月一日条)という場合の「唐絵山水」はむろん唐絵の似絵である。「日本(ニテ)近日書タル絵」(『教言卿記』応永十三年八月二十五日条)であった。当時模倣された中国画家としては、和尚こと牧渓をはじめ、君沢・馬遠・夏圭・李竜眠などの名が登場する。

書院の美意識　こんにちもっとも古い書院造の遺構として知られるのは奈良県吉野の吉水神社(明治までは吉水院)のそれである。俗に義経潜居の間といわれるが、むろんそこまでは遡らない。正面は、幅は二間もあるが奥行きはせいぜい一尺余しかない板の床があって、この上に三幅対などの絵軸が掛けられる。その奥行きの短かさに、板の床(押板床《おしいたどこ》)が

吉水神社の床の間

持ち運びされた置押板の造り付けであることが暗示されている。つぎに右手には書院と違い棚がある。違い棚は平安時代の絵画にも描かれているような厨子棚がやはり造り付けになったものと考えられる。そこにある一段高い上敷きの部分は、書院(出文机)との関連で考えれば、ほんらいは上段の間というべきものであろう。そしてこれがのちに、いわゆる框床《かまちどこ》となるわけである。このように書院造は書院と(押板)床と違い棚とから成るのが定型であるが、しかし銀閣寺の東求堂同仁斎が押板床を欠くように、一部を欠くものもないわけではない。

こうした座敷飾の場がなぜ出現したのか、といった建築上の問題は、わたくしの能力を超えるが、従来の絵巻物や草子類と違い、鎌倉中期以来宋・元からわが国に掛軸形式の絵画(唐絵)

東求堂同仁斎

が多数将来されたため、それを飾るに相応しい場所が求められた結果であろう、というのが通説かと思われる。先に見た、屏風に絵を掛けまわすといった飾り方が、観賞に不相応であったことは、再言するまでもない。住宅様式の変化をもたらした唐絵の影響の大きさがしのばれるが、それはそのまま中世日本人の抱いた唐物数奇のエネルギーのなせるわざであった。

このような書院座敷の部屋飾に当たったのが、室町幕府の場合、同朋衆であり、かれらによって経験的に編み出された座敷飾の規矩が、世にいう『君台観左右帳記』である。大別して能阿弥本系統と相阿弥本系統の二種の写本が伝えられており、ともに全体が三部で構成されている。

すなわち、はじめが宋・元を中心とする百五十名前後の中国画家を書き上げた画人録、ついで座敷飾(床飾・棚飾・書院飾)の部分、最後が器物具足類の説明となっている。しかし絵画も器物も座敷飾の構成要素であるから、結局はそれらをもってする座敷飾について記した部分に、本書の真髄があったとしなければならない。そしてむろんここでは、『喫茶往来』や『看聞御記』に見たものよりは、はるかに洗練された座敷飾となっている。

『君台観左右帳記』に纏め上げられた座敷飾を重視するのは、これが中世的な美意識の母胎であったと見るからである。しかも座敷という生活の場において追求された美的世界であるという意味では、生活文化そのものであり、その特質は、「規矩」に認められるある種の生活の虚構化という点であろう。生活文化とは日常性と虚構性のはざまに成立し存在する、きわめて日本的な現象であり、また形式であった。

立花　座敷飾に示されるものを書院の美意識というなら、それを構成する一要素であった立花《たてばな》にも生活文化(芸術)としての特質が認められるに違いない。またその書院座敷を新たな場とすることによって成立した書院(殿中)茶礼にも同様の意味があったろう。そして立花と茶の湯とは書院座敷を共通の母胎として成立し、そこからの自立化の過程でさらに芸術的な独自性を得たといえると思う。そのことを、まず立花の場合について考えてみたい。

『君台観左右帳記』によれば、座敷飾の花には三つの座が与えられていた。床飾の花、書院飾の花および棚飾の花である。このうち座敷花の中心になったのが、押板床に立てられた三具《みつぐ》足《そく》の花である。壁に三幅一対の絵を掛け、押板の上に卓《しょく》を置き、三具足すなわち中央に香炉、その左右に瓶花と燭台を置くというもので、「荘厳の花」とか「神仏の花」といわれ、座敷飾の立花のうちもっとも格式のある花、「真《しん》」の花とされた。

立花が生活文化(芸術)であるということの意味は、少なくとも次の二点において指摘できると思う。

一つは、造型における抽象化・虚構化という点である。のちに池坊専応が『専応口伝』でいうように、立花とは「野山水辺をのづからなる姿を居上にあらは」すもの、すなわち自然の再構成を目指すが、しかしそれは「小水尺樹を以て江山数程の勝槩《しょうがい》(概)をあらは」すこと、換言すれば自然そのままの再現ではなく、草木の本性を把握した上での抽象化、虚構化が試みられるべきものとされた点である。そこから花の構成理論が生れた。手折って来た草木をそのまま活けるというのが日常的行為であるとするなら、構成理論はその日常性の虚構化に他ならなかった。虚構化は芸術に共通する成立要件であるが、それがごく日常的な行為であるだけに、虚構・非日常化が独自の意味をもつのである。

二つは、しかもその一方で、そうした造型化に生活習俗からの規制を受けることが少なくなかった点である。いう意味は、五節供の花をはじめ、聟取・嫁取の花、移徙《わたまし》(転居)の花、出陣の花など、好ましい花、嫌う花(禁花)などが一つひとつ問題とされ、惣じて花の禁忌《タブー》が多かった。転居の際には赤い花を嫌う、それは火事を連想して不吉だからであるとか、枝を他の枝で切るような構成は不吉であるといった、それ自体はこんにちから見れば他愛のない類の約束事であるが、中世人の生活を現実に規制していた故実やタブーが花に取り込まれたことを示している。花の造型性を純粋に追求するのではなく、このように生活習俗の規制を受けつつ造型したところに、中世における生活文化としての立花の成立とその特質を見出すことができよう。

書院茶の湯の特質

花の造型が書院座敷飾にはじまったように、書院の茶ものちのち「真」の茶といわれ、茶の湯の母胎となった。しばらく話が茶から離れていたので、これまで述べて来たことをふりかえりながら書院の茶（殿中茶の湯）の特徴を指摘しておきたい。

一つ、もたれる場が唐物荘厳の世界であり、用いられる道具もまた唐物中心であったこと、

二つ、禅院茶礼＝唐礼を母胎としつつも、座敷の出現に対応して坐礼となったこと、

であり、室町将軍家を中心に考えた場合は、

三つ、座敷飾や茶事に奉仕するものとして同朋衆がいたこと、

があげられると思う。

ところでこうした書院茶の時期には専用の茶室というものはなかった。書院の部屋は和歌や連歌、ときには畳をあげて猿楽能が演じられるといった、文芸・芸能共通の場であった。書院の部屋は中世の書斎ではあるが、プライベートな空間というより寄合の場であった。したがっ

てそこで茶会がもたれたとしても、茶室というのではなかったし、ましてや、のちの茶室のように炉が切られてもいなかった。部屋に風炉《ふろ》つまり移動できる炉を持ちこむことによって茶事は可能である。風炉はいまでも五月から十月までの期間用いられるが、しかし部屋に炉の切られているか否かが、書院茶と草庵茶との段階差を示す決定的な指標であった。

以前引き合いに出した『慕帰絵』五巻三段和歌会のシーンでは、その会所のかたわらの廊下に茶釜が置かれ、そこで茶を用意している僧侶の姿が描かれている。つまり廊下で点《た》てられた茶が部屋に運ばれるわけである。ほぼ同じ時期に成立した『喫茶往来』では(八三ページ参照)、喫茶の亭の西廂《ひさし》の前に一対の飾棚を置いて種々の珍菓(果物)を積み、北壁の下には一双の屏風を立てて色々の懸物を構え、その中に鑵子《かんす》(釜)を置いて湯を沸す、とあって、この場合も、喫茶の亭につづく廂の間の、屏風で囲われた一角が点茶所として用いられており、そこは道具類をのせる棚も置かれた一種の水屋でもあったわけである。これが茶室の別称ともなったいわゆる「囲《かこ》い」の原義であるが、両例とも基本的なあり方は共通している。

茶湯の間

このように「喫茶する所」と「点茶する所」とが分離しているのが、初期の茶の湯、書院茶の特徴であるが、書院座敷の発展にともない、点茶所が整備されてくる。かつて将軍義教が永享九(一四三七)年十月、後花園天皇を室町殿に迎えて宴を催したことがある。かつて義満が応永十五(一四〇八)年、後小松天皇を北山殿に迎えた先例に倣うものであるが、その時の記録である『永享行幸記』によると、当日茶を用意した「御湯殿の上の間」には茶道具が次のように備えられていたという。

一、御湯殿之うへ

御硯蒔絵、御火鉢蒔絵、御茶之湯棚、金之御建盞台銀、御茶器蒔絵、御茶筅、御茶杓象牙

一、御盆にすはる、銀の御鵜飼茶碗台蒔絵、金御湯盞台銀

一、御盆にすはる、銀御茶碗二台蒔絵

一、御盆にすはる、御食籠一対蒔絵、御混(昆)布の箱蒔絵、なんりやう(銀)のさじ(匙)一、御釜銀、御風炉鈷(胡)銅、御水指鈷銅、御杓立鈷銅、御柄杓、御火箸一膳、かくれが(蓋置)鈷銅、御水すて(水飜)こどう、御はんさう手洗まきゑ、鳥わりご(破籠)、作り物、折、御盃の台など、あまたをかる。

これによって、室町殿の「御湯殿の上の間」は、「御茶之湯棚」に天目茶碗や茶器(茶入＝棗《なつめ》)・茶筅・茶杓などが置かれ、その他金銀や蒔絵といった豪華な具足類も棚の上に盆にのせて置かれている水屋であったことがわかるが、そこには胡銅の風炉と銀の釜が置かれているから、それで茶が用意される点茶所でもあったわけである。

このような点茶所を、当時「茶湯の間」といった。よく間違われるが、そこで茶事がもたれる茶室のことではない。義政の東山山荘にも、会所・常御所・西指庵にそれぞれ「茶湯の間」

丸炉(相国寺慈照院)　上に棚がある

があった。そこで同朋衆の手によって用意された茶が、たとえば右の会所の場合(九一ページ参照)、石山の間とか嵯峨の間といった部屋に運ばれ、主・客に飲まれたのである。

なおこうした茶湯の間(点茶所)に関連して、書院茶の段階に特徴的な存在である「丸炉《がんろ》」のことにふれておく必要があろう。地板に切られた円形の穴に丸い炉がはめ込まれているのでその名があるが、これに釜をのせて湯をわかしたもので、ふつうその上部には棚板や袋棚が設けられている。遺構としてはいずれも江戸時代に降り、その形式も、茶湯の間に設けられているもの、書院の部屋や廊下の一角を出っ張りにして造り付けているもの、などさまざまであるが、洛北曼殊院の小書院にある丸炉がもっとも著名である。

4 中世文化と同朋衆

さきに書院茶の特徴の一つとして、これに奉仕する者として同朋衆のいたことをあげたが、同朋衆とは将軍に近侍して雑務に当たった一群の法体者たちのことをいい、必ず阿弥号を有していた。座敷飾の規矩である『君台観左右帳記』をつくったのが能阿弥や相阿弥なら、のちに茶の湯を大成した千利休の祖父は、義政の同朋衆であった千阿弥と伝えている。そこで本節では、こうした同朋衆に焦点をあててその存在形態を明らかにし、茶の湯をふくめて、かれら同朋衆の果した武家文化ひいては中世文化上の役割について考えてみたい。

同朋衆の系譜

同朋衆の原像は、鎌倉最末期から南北朝期にかけて、武将に同道した時宗の僧、いわゆる従軍僧に求められる。一遍上人にはじまる時宗の僧たち――当時これを時衆といった――が武将に従ったのは、宗教的目的、すなわちその最期にあたり十念(念仏を十回唱えること)を授けて菩提を弔うためである。これには時衆が他の宗派と違い葬礼や死体の処理に関与したことも無関係ではない。合戦のあと戦傷者の治療に当たるのも、かれら時衆の仕事で、従軍僧はまた従軍医でもあった。

そうしたことから南北朝内乱のさなか、観応年間(一三五〇—五二)には、「軍陣に相伴ふ時衆の法様」なるものがつくられ、これが従軍僧たちに与えられていたようである。しかし応永六(一三九九)年十一月二十五日付、他阿弥陀仏時空の教誡状によれば、その「法様」を「今は見および、聞およべる時衆も不レ可レ有」といい、この時期には忘れられていたらしい。そこでこの年あらためて「心得らるべき条々」を定めたというのである。いわく「時衆が軍陣(隊)に同道するのは十念一大事のためであるから、弓矢のことで使者となってはいけない」、いわく「軍隊においては護身のため鎧甲を身につけてもよいが、弓箭兵仗を手にして殺生してはならない」。こんな文言もある。「檀那の一大事(戦死)を見届けるのに身体がひもじくては叶わないから、食事はいつでもあるにまかせて食べておけ」。つまりこの教誡状は従軍僧に与えられた一種の戦陣訓なのであった。もと七条金蓮寺にあったこの文書は他のそれとともに京都東山の時宗寺院である長楽寺に保管されている。

戦場における時衆

このような時衆従軍僧は、管見によれば、元弘三(一三三三)年正月、鎌倉幕府軍が楠木正成を河内千早城に攻めた時、これに従う時衆が二百人もいたと記す『楠木合戦注文』(一名『正慶乱離志』)という合戦日記の記事を初見とし、以後南北朝・室町時代の合戦にしばしば登場する。

たとえば足利義満が山名氏清を討った明徳の乱（一三九一年）では、「奥州（氏清）に付《つき》申されたりける時衆」が氏清の死を御台所に報告し、また家喜九郎景政にも「最後まで付たる時衆」がいて、その妻に遺品を届け遺言を伝えた上、最期の有様を語って聞かせている（『明徳記』）。これは従軍僧の「証言」が軍記物の素材とされたことを暗示している。また直接従軍しないまでも、付近で合戦があればそこへ赴き、死者を弔うこともあった。新田義貞が越前藤島の灯明寺畷で戦死した時には、善光寺の妻戸時衆がかけつけ、その遺骸を引き取っている（『太平記』）。

『大塔軍記』に、そうした従軍遁世者について述べた部分がある。本書は、応永七（一四〇〇）年七月、信濃国に下向入部した守護小笠原長秀に対して、村上満信を棟梁とする大文字一揆や佐久三家といった国人衆がこれに反抗し、更科郡布施郷大塔で合戦した時の戦記であるが、これによると長秀の軍隊には「頓阿弥」なる遁世者が前打《さきうち》として従っていた。この頓阿弥は、面貌醜くてその躰は甚だ賤しかったが、洛中の名仁で、連歌は侍従周阿弥の古様を学び、早歌は諏訪顕阿・会田弾正両流を伺い、物語は古山珠阿弥の弟子、弁舌広才は師匠に勝るほどの上手である。狂怱して舞えば当座の興を催し、歌えば座中の頤《おとがい》を解く。まことに淵底を究める風情は言語道断で、是非の批判に及ばなかった、という多芸多能の持主であった。戦さの合い間にそうした才能が求められ発揮されたのである。時衆のなかから文芸・芸能に長じた者が輩出した理由に、従軍をはじめとする武将との接触が考えられるゆえんである。

同行同朋

同朋衆は、こうした前史をもって室町初期、「トモニツレタル遁世者」が幕府の職制に組み込まれた時に出現した。その名称については、将軍に近侍する「童坊」に由来すると見るより、本来の宗教的意味をもつ「同行同朋」に出るものとすべきである。同朋衆が必ず阿弥号（×阿弥陀仏、略して×阿弥、×阿とも）をもって呼ばれるのもそれであろう。阿弥号は時衆の独占物ではないが、同朋衆は必ず阿弥号をもつのである。しかし、誤解されやすいので付言しておくなら、将軍と関係ふかい人物でも、阿弥号をもつ者がすべて同朋衆であったというわけではない。

たとえば「泉石の妙手」といわれて義政の寵愛を受けた山水河原者の善阿弥は、子の小四郎、孫の又四郎とともに同朋衆というのではなかった。子や孫が阿弥号を名乗っていないこともその証左となろう。この善阿弥は東山山荘が営まれた時に高齢で没しており、その庭づくりには又四郎が当たったものと考えられている。また猿楽の観阿弥・世阿弥を義満に引き合わせたのは海老名南阿弥という同朋衆で、これが機縁となって猿楽能が大成されるに至ったことは周知の通りである。この父子の阿弥号は犬王道阿弥とともに義満がつけたものであり、世阿弥の甥、音阿弥は義教の命名になるものと推測されるが、かれらはいずれも同朋衆ではなかった。当時の記録にも「猿楽(者)・同朋(衆)」といった書き方がなされ、両者は区別されている。それから、同朋衆も時代が降れば、自身熱烈な法華信徒もおれば、子を禅宗の喝食にしたものもいたように、時衆とは無関係と思われるものも現われている。系譜はともかく、職制として確立して以後は、その本義も失われたのであろう。したがって同朋衆を論ずるのに、どの時期でも時衆と結びつけるのは危険であるし、無意味でもある。

いずれにしても、このように見てくると、将軍家の周辺には、同朋衆の他に、同朋衆ではないが阿弥号をもつ一群の芸能者がおり、それらが全体として将軍を囲繞し、その文芸活動の一端をになっていたことが分ると思う。「道々ノ上手者」といわれた人たちである。これは将軍・武家がパトロンとなることで形成された武家文化の著しい特徴といってよいものである。そして同朋衆はもとより、そうでない芸能者にも阿弥号がつけられた背景には、鎌倉末期以降、時衆で芸能に秀でたものが少なくなかったという、阿弥者の歴史が影を落しているように思われる。

同朋衆の職掌

なお同朋衆は室町幕府の職制の一つであったが、バサラ大名として知られた佐々木道誉のように遁世者を抱えていた大名も少なくはなかった。のちのことになるが、織田信長が本能寺で横死した時、森蘭丸らとともに死んだものに針阿弥という同朋衆がおり、豊臣秀吉にも友阿弥という同朋衆がいて、平素の茶事などに奉仕していたことが知られる。しかし同朋衆は主として将軍家のものであり、また義持・義教・義政の三代が質量と

将軍御成りに扈従する三人の同朋衆(『義持若宮八幡宮社参図絵巻』部分，京都若宮八幡宮蔵)

もに充実した時期といってよい。ここに掲げた写真は、義持が応永十七(一四一〇)年八月十五日、当時六条左女牛《さめがい》にあった若宮八幡宮(現、東山五条)に社参した折りのことを描いた絵巻物であるが、そのなかに義持の同朋衆三人の姿が見られる。これによれば剃髪した遁世姿とはいうものの、衣裳は結構派手であり、腰には刀を佩いている。時には騎馬して将軍に扈従することもあった。

同朋衆の職掌は多岐にわたっていた。使い走りから掃除・配膳・贈答品の取次ぎといったもの、また唐物奉行・座敷飾・香合・茶湯・立花の扱い、あるいは和歌や連歌会の連衆として同席するなど、文字通りピンからキリまでである。したがって同朋衆に一芸一能に秀でたものがいたことは確かであるが、といってふつう理解されているように、一芸一能に秀でたもの(だけ)が選ばれたというのではない。逆にまた、同朋衆は殿中の雑役者でしかなかったとして、その文化史的な役割を全く認めない説もまた、偏頗な論といわねばならない。かれらは幕府の近辺に居住し、結番制で出仕し月俸を与えられていた。

三代三阿弥

数多い同朋衆のなかでも、後世に名を残したものとなると、毎阿弥(?―一四一六初見―三六)、能阿弥(一三九七?―一四三六初見―七一)、芸阿弥(一四三一―八五)、および相阿弥(?―一四八五初見―一五二五)の四代であろう。もと越前朝倉氏の家臣であったというが、他の同朋衆と同じく氏素性は明らかでない。義持・義教・義政から義稙時代にかけて活躍している。もっとも毎阿弥には文芸上見るべきものはなく、そこでふつうその子能阿弥以下を三代三阿弥と称するが、毎阿弥もその時点ではもっとも信任された公方同朋だった。能阿弥以後の活躍の場はこの毎阿弥が築いたといってよい。

すなわち能阿弥・芸阿弥・相阿弥の三代は「唐物奉行」といわれ(『宗伍大草紙』)、「公方御倉」とか「相府書庫」と呼ばれた将軍家の倉に蒐集され、あるいはこれから買得しようという唐物や唐絵の目利(鑑定)や出納・保管・表装あるいはそれら唐絵・唐物をもってする殿中の座敷飾に当たった。『君台観左右帳記』がかれらによって生み出された座敷飾の規矩の書であり、中世的美意識の母胎になった事情については、前節で述べたのでここでは省略にゆだねよう。

三阿弥たちは、その職掌上絵画をよくし、「天下の明(名)人」と称されたのが能阿弥なら、「国工」「国手」と呼ばれたのが芸阿弥や相阿弥である。文明十七(一四八五)年十二月下旬、義政の命で相阿弥は、相国寺の禅僧、亀泉集証《きせんしゅうしょう》・横川景三《おうせんけいさん》らと東山山荘に飾る「十僧図」を「評議」し、けっきょく李竜眠様を採用することにしたが(いわゆる似絵)、これが相阿弥の初仕事であった。

ちなみに室町将軍家には、このような同朋衆の働きのもとに数多くの唐絵・唐物が蒐集された。そのことを安土・桃山期の画家長谷川等伯は『等伯画説』のなかで、

東山殿(義政)ニハ百カザリ有レ之、一切ノ唐絵ト云唐絵并《ならびに》見事ナル物ハ、皆東山殿ノ御物也。

と書いている。そしてこうした理解から将軍家の蒐集品を義政と結びつけ、「東山御物《ごもつ》」と称するのであるが、むろん歴代将軍による蒐集の結果であって、義政ひとりに限るものではない。現に義満の鑑蔵印である「天山」「道有」を有する画軸は、こんにち伝存するもので二十三軸を数えるといわれ、同じく「雑華室印」は、従来は義政の鑑蔵印と考えられていたが、近時義教のものであることが判明した。

もっとも義政時代になると、財政難から公方御倉の唐物を手放すことがあった。寛正六(一

四六五)年六月、父義教(普広院殿)二十五年忌の仏事銭を捻出するため、唐物奉行の千阿弥に絵・太刀などを売りに出させているが、そのなかには君沢筆「四幅山水」の図がふくまれていた(『蔭涼軒日録』)。また牧渓筆・簡翁賛の「半身布袋」三幅一対は百貫布袋とか腹摩《はらさすり》布袋などと称された将軍家累代の重宝であったが、『実隆公記』によると、明応七(一四九八)年四月、土蔵の志野から連歌師玄清を通じて売却の旨が申し入れられていて、ここでは御物の買い戻しのことが話題となっている。義政が没して八年後のことであるが、この流出も義政時代のことであったろう。

千阿弥と立阿弥

ところで阿弥号で表わされる同朋衆の名は、結局最初の一字で区別されるものであったから、類似の名が出てくるのも当然であるが、なかには意図的に同じ名が用いられたと見られるものがある。先にも出て来た千阿弥に立阿弥の二人がそれで、しかもこの二人はそれぞれ茶と花とに関係が深かったのである。別表で示したように、記録の上から判断するに、前者には少なくとも三人の同名異人がおり、後者には二人はいたと思われるのであるが、それぞれ職掌は共通しており、同じ名が踏襲されたのもそのためであったと考えられる。ことに立阿弥の名は従事した立花《たてばな》にちなむものであろう。

この立阿弥は、管見によれば応永三十二(一四二五)年正月四日、義持が諸大名の屋形へ恒例の渡御(御成《おな》り)をした際、久阿弥・圭阿弥とともに供奉しているのが初見で(『花営三代記』)、義持の死後は義教にも仕え、永享年間の前半期にその名を見ることができる。永享二(一四三〇)年三月十七日、将軍義教は、前月に完成した醍醐寺金剛輪院の新造会所の座敷開きに、花見をかねて訪れているが、その前日立阿弥が遣わされ、将軍家の唐物唐絵をもって座敷飾に当たっている(『満済准后日記』)。瓶花も立てたことであろう。

しかし同じ立阿弥でも、寛正のころ義政に仕え、永正ころに及ぶ立阿弥とは時期的にいって別人とすべきであろう。この方の立阿弥については、文明十八(一四八六)年二月、相国寺蔭涼

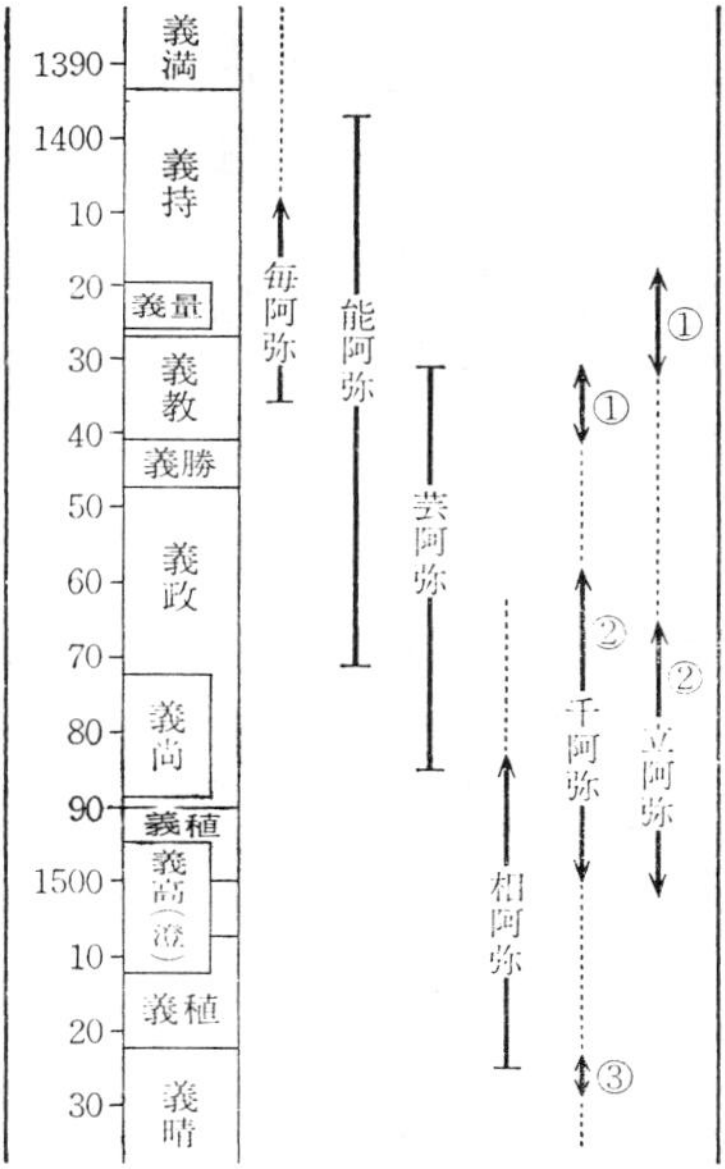

主たる同朋衆の所見年代

軒主の横川景三が進上した梅花をいたく気に入った義政に病臥中であったにも拘らず呼び出され、面前で立花に当たり、大いに面目を施したことがある(『蔭涼軒日録』)から、余人には代えがたい立花の名手であったのである。そしてこの立花も、以前述べたように座敷飾の一要素であったから、

それに従った立阿弥は「御会所の同朋」というふうにも称されている。

つぎに千阿弥の名は、義教時代の永享四(一四三二)年に初見し(『満済准后日記』)、そのご義政時代の長禄から寛正(一四五七—六六)にかけてしばしば見かけるが、いつも香合・堆朱《ついしゅ》の盆、桂漿《けいしょう》の食籠《じきろう》、白磁茶碗などの沙汰に当たっており、広義の茶事に関係していたことがうかがわれる。しかし永享の千阿弥と、『言国卿記』長享二(一四八八)年正月十六日条に、「一、千阿弥御持ヒキ茶一口、あふぎ(扇)一本」と所見する千阿弥とは、その年数の開きからいって同一人物ではありえないだろう。寛正六(一四六五)年四月、義政が宝勝庵の白磁茶碗を二日にわたって七組召し上げたとき、これを奉行した千阿弥も、おそらく永享の千阿弥とは別人であろう。

そこでこれらを第一、第二の千阿弥と呼ぶことにする。ところが、大永四(一五二四)年、将軍義晴が細川邸に赴いた際、その御供衆のなかにも千阿弥がいた。すなわち公家・外様衆の「茶湯者」として玉阿弥が、「通之茶之湯(者)」として千阿弥が奉仕し、また「是様(細川邸)」の「茶湯者」には平阿弥が当たっている(『大永四年細川邸御成記』)。三人とも茶湯同朋として、それぞれ分担が決められていたわけであるが、ここに登場する千阿弥は、同じ理由によって、第一の千阿弥はもとより第二の千阿弥とも別人であろう。第一の千阿弥とはほぼ九十年の開きがある。しかし第二、第三の千阿弥によって、かれらが茶の湯を主たる職掌としていたことが明白となる。これら三人の間には血縁関係を示すものがなく、おそらく無関係と考えるが、世代がかわれば、茶事に秀でた同朋のひとりが千阿弥の名を付され、この名が茶湯同朋衆に踏襲されたものと思われる。

利休の祖父

この三人の茶湯同朋のうち第二の千阿弥が千利休の祖父であったとするのが『千利休由緒書』である。

一、利休先祖之儀者、代々足利公方ニ而御座候。先祖より田中に而御座候。就中、祖父は田中千阿弥（傍書——初メ専阿弥と号ス、大祖ハ里見太郎義俊ノ二男、田中義清と申末孫也と云）と申候而、東山公方慈照院義政公の御同朋に而御座候。

この『由緒書』は承応二（一六五三）年春、当時徳川家康の伝記編纂のために行なわれていた史料蒐集の一環として、紀州徳川家の儒臣李一陽（梅渓）・同宇佐美彦四郎（左助）の二人が、そのころ紀州家の茶頭であった逢源斎千宗左（利休の曽孫）に利休のことを尋ねた聞書きである。そのはじめに、右に掲げた文章ではじまる先祖利休に関する記事（宗左の返答）があり、それが千家においてはもとより、一般にも信じられている。

すなわちこの『由緒書』によると、

(1) 応仁元（一四六七）年五月、天下の大乱（応仁の乱）が起こった時、細川勝元の申し入れにより、山名宗全に内通しているとの理由で幕府を追放された義政の近習十二人のなかに田中千阿弥（『応仁記』には十二人の最後に「同朋専阿弥」と記す）がいたこと、

(2) そこで千阿弥は泉州堺に立ちのき名字を変えて移り住んだが、文明五(一四七三)年宗全と勝元が相ついで病死し、その年義政が隠居して子の義尚に家督を譲ったのを機に千阿弥も帰洛し、義尚に仕えたこと、

(3) しかし長享三(一四八九)年義尚が近江出陣中に死亡したので発心し、再び堺に閑居した。そしてその子与兵衛は田中の姓を改め、千の字を取って名字とし、千与兵衛と申して今市町で商家を営み、その子与四郎も今市町で商売したが、茶道をすいて、のちに武野紹鷗の弟子となり、剃髪して千宗易と名乗ったこと、

などが知られる。この『由緒書』の内容をどう理解するかについては『千利休』(NHKブックス)での検討にゆだねたいが、そこでも述べたように、どうもわたくしには江戸時代に入ってから考え出された祖先伝承のように思えて仕方がない。たとえば先に引用した冒頭の部分に、千阿弥に傍注して「初メ専阿弥と号ス」とするのは、応仁元年の一件(これは史実である)を記す『応仁記』に「同朋専阿弥」とあるのに拠ったためではないか? この場合専阿弥は他の記録からも、千阿弥の「当て字」にすぎないのであって、「改名」したというわけではない。このつじつま合わせがまず気になることの一つである。

しかしそのこと以上に問題なのは、もし千阿弥が利休の祖父であるなら、利休自身の口から千阿弥の名が出て然るべきであるが、そのような形跡が全くないことである。『山上宗二記』

(宗二は利休の弟子)などを見ても、三阿弥のことは出て来ても千阿弥は全く注目されていない。千阿弥が三阿弥に匹敵する唐物奉行であり、ことに茶事に関わった茶湯同朋衆であったことは確実であるから、その子孫というのが事実なら、利休の時代に千阿弥の名はもとより、その事績が語られてよいように思う。年齢的には義政の同朋衆千阿弥と利休とを祖父―孫の関係とみなしてとくに不合理が生ずるわけではないが、おそらくこの両人は無関係であったろう、というのがわたくしの推論である。ちなみに利休の祖父は法名を道悦といい、十代のころまでは生存している。

なおまた、先の『山上宗二記』に利休(宗易)父子のことを「田中宗易」「田中紹安(道安)」と記しているように、当時でも田中が本姓であったことが知られる。おそらく堺の町衆であった田中家の一族に時衆の千阿弥がいて(堺の旧族のなかには時衆が少なくなかった)、千阿弥あるいはその略称としての千阿、千が通称として名字がわりに用いられていたものであろう。したがって利休の生れた千家は田中家の分家筋であったはずである。

千阿弥を語るのに利休にまで話が及んでしまった。同朋衆に関してはなお語るべきこともあるが、室町時代の文化、ことに京都を中心に形成された武家文化を考える場合、こうした一群の同朋衆の役割を無視できないこと、とくに武家社会を母胎として発展した書院茶の湯は、同朋衆の存在を抜きにしては語れないことをもう一度確認して、次の問題に進みたいと思う。かれら同朋衆が後世「数奇の宗匠」と称されるようになるのも、決して理由のないことではない。

三　茶の湯の特質

1　草庵の思想

なぜ日本だけに

もともと抹茶法は中国の宋代にはじまっている。もっとも十一世紀の中葉、蔡襄《さいじょう》の著わした『茶録』では金属器の茶杓で碗中をかきまわしたとあり、宋風の抹茶法になっても当初茶筅はなく、一時期たってから考案されたもののようである。すなわち徽宗皇帝が大観年中(一一〇七—一一一〇)に著わしたという『大観茶論』に至って、茶筅は節竹の枯れたもの、先はまばらで強いのがよい、という記事を見る。成尋阿闍梨が宿願の入宋を果し、神宗皇帝から茶を与えられ、各地の寺院で茶を喫したのは、ちょうどこの中間の時期に当たっており、宋では抹茶法が確実にひろまりつつあった。

しかし中国ではそのご団茶法はもとより、抹茶法も廃れてしまった。ただし、この狭い日本列島に団茶法がいまも存在していることを考えれば(たとえそれがある時期に復興されたものでも)、広大な領土をもつ中国に古い茶法が残っていないとは思えない。ことに南部諸地域では、抹茶法よりも団茶法が残っているであろう。しかし喫茶の歴史を全体として把えた場合、団茶法も抹茶法も廃れ、煎茶法に移行してこんにちに至っている。この煎茶法は、素朴な形のものはわが国でも中世に現われたが、近世初期に明《みん》から伝えられ、本格的な発展をとげることになる。したがってわが国でも喫茶法としては団茶―抹茶―煎茶という展開をとげて来たことにかわりはない。しかしわが国の場合、このうちの抹茶法が中世を通じて独自の展開をとげ、中国におけるそれとはまったく別個の存在となった。

抹茶法はなぜ中国で廃れ、日本で発展したのか。団茶法と同じく茶そのものを飲む(食べる)抹茶法よりも、湯に浸出する茶のエキスを飲む煎茶法の方が、技術的には進んでいるわけであるから、簡便でもある煎茶法にとってかわられるのは当然の成行きであったようにも思うのだが、中国史にくらいわたくしには、それ以外にどのような事情があったのか説明することができない。逆に、なぜ日本ではその抹茶法が異様とも思えるほどの発展をとげ、独自の世界をつくり出したのか。

確かなことは、十四世紀から十五世紀にかけて書院座敷の現われたことが、茶礼におけるいわば唐法と倭法の最初の分岐点となったという事実である。床の間が唐絵や唐物を鑑賞するにふさわしい生活空間として案出されたという理解があるように、当時の茶の湯は、いわば唐物荘厳のなかでのものであったが、椅子による唐風茶礼から畳に坐る倭風茶礼への移行がはじまったのもこの時期のことであった。そして以後、茶礼は母国を離れてわが国独自のものとなって行く。この節では、こうして日本化の道を辿る茶の湯の、その流れと特質とを、草庵の出現過程を軸に考えてみたいと思う。それはまた、いわゆるわび茶とは何かを問うことにもなろう。

茶数奇の類

前二節にわたって述べた書院茶の湯の様式的な確立期は十五世紀の半ば、将軍義教のころといってよいが、当時禅僧で歌人であった清巌正徹の歌論書『正徹物語』のなかに、次のような一文がある。

哥(歌)の数寄に付きてあまた有り。茶の数寄にも品〳〵あり。先づ茶の数寄と云ふ者は、茶の具足をきれいにして、建盞・天目・茶釜・水差などの色〳〵の茶の具足を、心の及ぶ程たしなみ持ちたる人は、「茶数寄」也。是を哥にていはゞ、硯・文台・短冊・懐帋(紙)などうつくしくたしなみて、何時も一続など読み、会所などしかるべき人は、「茶数寄の類」也。

文章はこのあと「茶呑み」(道具に執着はないが、茶の善悪を飲み分けることのできる者)・「茶くらひ」(茶を善悪なしに馬鹿飲みする者)について述べ、それぞれに対比される歌人のありようを語っている。以前触れたように、数奇とは対象は何であれそれに心を寄せ、強く執着することであるから、茶の湯に限るものではなかったが、それが茶の湯の代名詞ともなったのは、茶の湯が「物」を離れて存在しえなかったことにあるといってよい。その数奇の度合いにより茶人を「茶数奇(者)」と「茶呑み」「茶くらひ」の三品等に分けた分類法を、ここでは茶数奇の類也といった形で歌人のそれに借用しているわけで、長い歴史をもつ歌論の方が、ここでは茶の湯に依拠している。茶人の話を引き合いに出せば理解が容易であるといったこともあったろうが、それだけ茶数奇が顕著な社会的風潮となっていたことを示すものでもある。そして茶数奇が唐物を対象とすることにより昂揚したという歴史的経過により、数奇といえば唐物数奇のことと理解されたことも知られるのである。

倭漢のさかい

「東山御物」に示される義政時代の唐物蒐集は、こうした数奇が依然として根強いものであったことを示している。ところがその一方でこの時期（十五世紀後半）、数奇＝美意識に明確な変化が起こっていた。そのことをもっともよく示すのが、義政時代の茶人村田珠光が奈良の土豪、古市播磨法師澄胤に与えた一紙、いわゆる「心の文」で、のちの論のためにも全文を掲出しておこう。

古市播磨法師　　　　殊(珠)光

此道、第一わろき事ハ、心のがまむ(我慢)・がしやう(我執)也。こふ(巧)者をばそねミ、初心の者をバ見くだす事、一段無勿躰《もったいなき》事共也、こふしやにハちかづきて一言をもなげき、又、初心の物をばいかにもそだつべき事也。此道の一大事ハ、和漢のさかいをまぎらかす事、肝要〳〵、ようじんあるべき事也。又、当時、ひゑかるゝと申て、初心の人躰がびぜん(備前)物・しがらき(信楽)物などをもちて、人もゆるさぬたけくらむ事、言語道断也。

唐物　天目茶碗

かるゝと云事ハ、よき道具をもち、其あぢわひをよくしりて、心の下地《したじ》によりてたけくらミて、後までひへやせてこそ面白くあるべき也。又、さハあれ共、一向かなハぬ人躰ハ、道具にハからか(拘)ふべからず候也。いか様のてとり風情(上手者のこと)にても、なげく所、肝要にて候。たゞがまん・がしやうがわろき事にて候。又ハ、がまんなくてもならぬ道也。銘道にいわく、

心の師とハなれ、心を師とせざれ

と古人もいわれし也。

澄胤がこれをいつ珠光から与えられたかは明らかでないが、連歌についても長享二(一四八八)年、心敬の門弟兼載から「連歌心もちのやう」を記した「心敬僧都庭訓」を与えられており、そうした時期のことであろう。茶の湯を学

ぶ上での心掛けを述べた「心の文」は「珠光茶の湯庭訓」ともいうべきものであった。

この「心の文」の主眼点は心の持ち方として我慢我執、すなわち自己にとらわれることの不可を説くことにあったといえるが、注目されるのは、それに関連して述べた美意識にかかわる部分である。すなわちこの道(茶の湯)では、道具は倭(和)物と唐物の区別をなくすることが大事ではあるが、しかし「ひゑかるゝ」ために初心者がいたずらに備前物・信楽物といった倭物を弄ぶのはよろしくない、というのである。いわば初学者の背伸びを戒めたものであるが、こうした傾向が当時の流行でもあったのであろう。しかし従来の唐物数奇を考えれば、こうした「倭漢のさかいをまぎらかす」傾向とは、唐物から倭物——具体的には備前物・信楽物といった国焼き——へ美的関心が移ったこと、それがいい過ぎであれば倭物にも美的価値を見

倭物　筒花入(利休伊賀)

出すようになったことを意味し、「ひゑかれる」「ひへやせる」というのがその倭物に抱く美意識であったことをうかがわせる。

「ひゑ(へ、え)かれる」とは枯淡閑寂の美のことで、先の「心敬僧都庭訓」にも、初心者がいたずらに「からびたる」句を好むことを戒めており、同様のことを記す「宗祇初学抄」には「ひえさびる」「ひえやせる」の語が見える。これらはいずれも共通する意味内容をもつ言葉といってよく、じつは連歌師心敬の唱えるところであった。宗祇も心敬の弟子である。

雑談の連環のなかで

「ひゑかれる」「ひえやせる」「ひえさびる」「からびたる」といった連歌の美学が茶の湯の世界にも取り込まれ、唐物数奇にかかわる流行現象となった。ところが先に見た正徹の場合は、茶の湯の論を借用して歌論が展開されていた。こうした事実は十五、六世紀といった時期、ジャンルを異にした文芸・芸能の相互影響のなかで美意識や理論といったものが形成されたことを推測させるが、さらにその背景を探ってみると、そこには必ずといってよいほど人間関係のあったことが知られる。

中世の芸能理論が人びとの結びつきのなかで形成され、分有されたということの一端は、たとえば『禅鳳雑談』に見ることができる。この本は世阿弥の女婿、金春禅竹の孫にあたる禅鳳(一四五四—一五三二)が、永正年間(一五〇四—一一)、素人弟子たちに「能・謳《うたひ》(謡)・音曲」を教えた時の雑談を、その一人である藤右衛門が書き留めたもので、「坂東屋に被レ留候、雑談に……」といった記述があるように、主として奈良は中市の商人坂東屋の座敷で、稽古のあと禅鳳を囲んでもたれた雑談の「聞書」である。能の演技・演出に関する実際的な記事が多いのは当然のことながら、この『禅鳳雑談』が留意されるのは、しばしば「数奇(茶の湯)によそへて能(の)物語候」とか、「兵法と鞠が能に近く候」「花が能に近く候」などと、他のジャンルの芸能を引き合いに出し、それになぞらえて能楽の特質とか演技上の注意を示していることで、それを聞く方も、得心がいくと、「近比面白き雑談にて候」と受け止めている。そんななかで、「心の文」で「ひゐかれる」ことを述べた珠光の言葉も花の池坊(専順)のそれとともに登場する。

一、珠光ノ物語とて、月も雲まのなきはいや(嫌)にて候。池ノ坊ノ花の弟子、花のしほ(風情)つけの事、細々《さいさい》物がたり候。是も、得《え》てしておもしろがらせ候はん事、さのみおもしろからず候。(巻上―4)

おそらく禅鳳が他所で聞いた話を持ち出したものであろう。いわば雑談の連環のなかで芸論が語られているわけで、こんにちのような情報手段・媒体のなかった時代、口頭によるコミュニケーション以外に伝達の方法がなかったことを思えば、こうした雑談による話題の連環の意味の大きさが考えられてくる。「月も雲まのなきはいやにて候」も好んで語られた言葉であった。煌々と照る月よりも、雲間隠れする方が情緒がある、というもので、これは心敬のいう「ひゐかれる」ことの具体的表現に他ならない。心敬と半世紀もの重なりをもって生きている珠光には、直接的にも間接的にも心敬から得たものが多かったと思われるが、珠光が心敬の弟子宗祇と長い交わりをもっていたことをはじめて指摘したのは島津忠夫氏である（「連歌の性格」『芸能史研究』七）。氏の紹介された文亀元（一五〇一）年七月八日付、志野宗信あて宗祇書状（写し）――当時越後の上杉家に寄寓していた宗祇に遣わした閏六月十八日付宗信の書状に対する返信――のなかに、「此の会に珠光之名候はず候間、如何に其身中候らん」とあって珠光が宗祇と昵懇の仲であったことが知られたのである。このとき珠光は七十九歳で翌年に没するが、宗祇も八十一歳、一番年下の宗信――志野流香道の祖とされる志野宗信――でも六十二歳であったから、この三者の交わりは昨日今日のものではなかったはずである。その間珠光が心敬・宗祇から得たものを自身の茶の湯論に吸収したことの一端が、先の「心の文」に他ならない。

唐物から倭物へ

雑談のなかで取り上げられた茶の湯論として、同じく『禅鳳雑談』に見る次の条項は、「心の文」以上に唐物から倭物への転換の意味を語っていて重要である。

一、与四郎来り、数奇によそへて能（の）物語候。結構見事（と）申さば、是までにも被レ申候、金ノ風炉・鑵子（釜）・水さし・水こぼしにてあるべく候へ共、泌《し》み（彩色）はせまじく候。伊勢物・備前物なりとも面白く工み候はゞ、（金ノ風炉以下の唐物に）勝り候べく候。（巻下―15）

一、能は結構なるはある物也。金にて茶の湯の道具の物語、細々被ㇾ申候。数奇の方は、備前物の割れたるには劣り候べく候。（巻上―84）

すなわち国物の備前物・伊勢物でも面白く工夫したならば金の道具＝唐物に勝るというのである。そしてここでは数奇の語も、その対象を唐物から国物に移し、むしろ「面白く工夫すること」、すなわち「作意」をこらすことの意にかわっている。唐物から倭物への美意識の転換に、その意味での数奇の昂揚があったことを見逃してはなるまい。

有徳の美意識

唐物から倭物への「転換」の意味をさらに考えてみたい。それというのも倭物の昂揚とはいい条、第一に、この時期ではなお花入・水翻といったものに限られていて、茶碗などに及んでいなかったことであり、第二に、唐物志向はなお根強く存在しており、実際には道具茶の否定というには程遠い状態であったことである。たとえば天正年間の『山上宗二記』は茶人を「茶湯者」「侘数奇」「名人」の三つに分けて次のような定義付けを施しているが、これは以前紹介した『正徹物語』のなかでの品等分け――「茶数奇」「茶呑み」「茶くらひ」――が道具よりもむしろ茶の「飲み方」によって分類していたのに対して「道具」を基準にしており、かえって道具―モノへの執着＝数奇が強まっているといわねばなるまい。

(1) 茶湯者……道具目利・茶湯の上手、数奇の宗匠で渡世する者……松本珠報・篠道耳《しのどうじ》

(2) 侘数奇（数奇者とも）……道具もたず、志・作分・手柄の三つをもつ者……粟田口善法

(3) 名人……唐物所持・目利・茶湯の上手で志深き者……村田珠光・鳥居引拙《いんせつ》・武野紹鷗

『正徹物語』でいい道具を持つ者という「茶数奇」が三分された形といってよく、それだけ道具所有の層が拡大されたことを物語っている。右にあげてある茶人がいずれも京や堺の町人であることからも明らかなように、茶の湯がこれまでの将軍家や有力武将の世界から町人層へと普及するなかで、書院茶礼を特徴づけていた唐物数奇―道具熱は、かえってより拡大された形で昂揚したのである。「ひゑかれる」ことを説いた珠光やそれをさらに進めた紹鷗でさえも、じつは多数の唐物をもち、それゆえに名人とされたのである。右の分類の(1)(2)を合わせた形が(3)で、結局名人を名人たらしめる要件は唐物所持であった。

こうした事実に徴するならば、永禄七(一五六四)年の奥書をもつ茶書の『分類草人木』(草人木は「茶」の字を分解したもの)が茶数奇(寄)を次のように解釈したのは、あながち不当とはいえないであろう。

> 数寄ト云フ事、何レノ道ニモ好ミ嗜ムヲ云ベシ。近代茶ノ湯ノ道ヲ数寄ト云ハ数ヲ寄スルナレバ、茶ノ湯ニハ物数ヲ集ムル也。詫《わび》(侘)タル人モ(茶道具を)集ムル也。諸芸ノ中ニ茶ノ湯ホド道具ヲ多ク集ムル者無レ之。

古くは数寄とあったのを数寄とも書くようになったのはそう新しいことではないが、まさしく文字通りの傾向が現われたのが十六世紀のことであった。たとえば文禄二(一五九三)年宗魯なる者が堺で筆録したという『仙茶集』のなかに「御茶道具目録」というのがある。「日本国中宝物所持高下ノ仁体記之」と奥書しているように、当時知られた名物(約四百三十点)とその所持者(約百九十人)の名を書き上げたものであるが、すでに天正十(一五八二)年に横死している信長の名が出てくるから、成立はそれ以前のことであろう。これによると堺―七十人・百九十一点、京都―二十九人・五十一点、奈良―十一人・三十五点をはじめ、大坂・山口・博多・府中・平戸などの都市や、越前・駿河以下の国々があげられていて、当時茶道具所有熱が全国的な規模で昂揚していたことが知られるが、その中心がやはり堺・京都・奈良の三都市であったことは、その数字からも明らかであろう。このあらたな道具所有の展開は有徳(富裕)者たちのものであった。茶の湯は和歌や連歌と違い、道具の世界に出現し道具を必須不可欠とする。道具数奇を否定し、無一物を標榜しても、それはあくまでもそうあるべしとする当為であり、そうありたいと願う理想であったことを、当然のことながらもう一度確認しておきたい。その意味では道具なしでは成立しない茶の湯は、典型的な「モノ」文化であった。「モノ」をめぐる美意識については、終章の「さびとわび」の項であらためて考えてみたい。

東求堂同仁斎の位置

珠光の「心の文」の言葉をもってすれば、足利義政は「倭漢のさかい」に位置していたといえる。それはすでに見て来たように「東山御物」に示される唐物数奇の反面、東山山荘内に東求堂同仁斎という四畳半の小書院を営み、これがやがて登場する草庵茶室の前蹤をなしているからである。

前章で、武家社会において本格的な発展をとげた書院座敷のもつ芸能空間としての役割を述べた。『太平記』によれば佐々木道誉の会所は六間すなわち十二畳であったというが、これが室町初期の書院の標準的な広さであったと思われる。ところが書院建築はその後、こうした大きさのものを標準としながらも、大型化と小型化の両極分化をとげることになる。広間となった大書院については事例をあげるまでもないが、これには立体化をもともなっている。同朋衆の立阿弥の職掌に関連して引き合いに出した、永享二(一四三〇)年二月以前に成立したとされる醍醐寺金剛輪院の新造会所の場合、上段の間と下段の間とがあったから、座敷の立体化は書院造の歴史のかなり早い時期に現われていたと思われる。もとよりそれは、大型化と相俟って、武家社会に出現する封建的な身分制の具体的な表現形式であった。とするなら小書院の志向するところはその対極—上下関係の否定にあったこともおのずから了解されて来よう。義政が東求堂のその一室の斎号を「同仁」——聖人は一視同仁——と名付けたのは、たとえそれが権力者の恣意であったとしても、それなりに意味ぶかいものがある。草庵茶室の思想と無関係ではないからである。

しかしこの同仁斎は茶室ではない。義政が相国寺の禅僧横川景三《おうせんけいさん》に額名を選ばせた経緯を見れば明らかなように(『蔭涼軒日録』)、書斎としてしか考えていない。風炉が持ち込まれることは

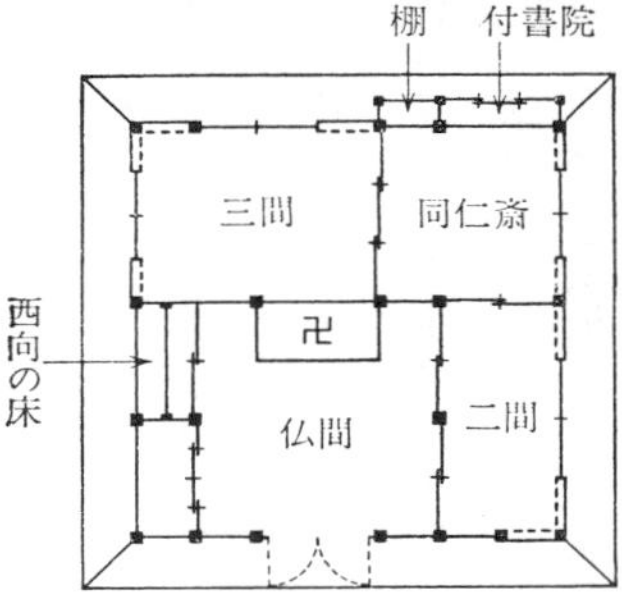

東求堂　同仁斎は向かって右奥の部屋

あったろうが、茶室ということにはならない。したがって、通説とされて来た、同仁斎を四畳半茶室のはじまりと見る説は、事実に反している。だがその俗説を批判するのに、同仁斎は書院だから茶室ではない、というふうに考えるならば、それも正しい認識ではない。あらためていうまでもないが、同仁斎が茶室でなかったということと、そこで茶の湯がもたれなかったこととは、おのずから別個の問題だったからである。

すでに述べたように書院茶礼では点茶所が別個にあり、そこで用意された茶が部屋に運ばれるか、または風炉が持ち込まれた(これは季節によって草庵茶室でも同じ)のであって、それは同仁斎の場合でもかわりはない。中世の書斎とは、もとよりそこで一人沈思することを拒むものではないが、和歌や連歌の会はもとより茶事ももたれる会所であったことを、もう一度想起しておきたい。

むしろ大事なのは、同仁斎がつくられた十五世紀の末、十六世紀のはじめごろから小座敷が出現しはじめるという、時代的な変化を認識することである。その点で同仁斎は、時代を先取りしていたといって間違いではない。

丈間座敷　すなわち義政とも関わりのあった公家の三条西実隆は、文亀二(一五〇二)年六月、連歌師の玄清の斡旋で売りに出ていた六畳の広さをもつ小屋を買い、これを武者小路の屋敷内に移建したが、その際わざわざ「丈間座敷」こと四畳半に改めている。実隆の日記(『実隆公記』)でその間の経過を辿ってみると、小屋に白壁を塗り、押板・棚などを唐紙師に張らせ、庭者を召して石を立て小樹を植えて、大工に庭の板垣を構えさせるなどしている。移改築の工事は八月十六日に終了したが、白壁・押板・棚・畳といったものから判断して、書院造の構造をもつ小座敷であったことは間違いない。これが屋敷内の一隅に建てられたのにちなんで「角屋」と呼ばれた小書院で、実隆はここで古典の書写や、公家・連歌師、時には武士に対する講釈を行ない、また和歌や連歌の会を催している。武野紹鷗が茶の極意を悟ったのは実隆から藤原定家の著わした歌学入門書『詠歌大概《えいかたいがい》』の講釈を受けている最中であったというが、それはこの角屋の部屋でのことであったろうか。『実隆公記』によれば永正十一(一五一四)年三月、武野新五郎の名で登場する紹鷗は、そのごもたびたび実隆を訪れている。当時紹鷗は茶人というよりは連歌師であったせいか、茶事関係の記事が見当たらないが、実隆自身茶事の嗜みがなかったわけではない。大永三(一五二三)年十二月、正客に前左大臣転法輪三条実香・同公頼父子を招き、甘露寺伊長・持明院基規・五辻諸仲・押小路師象らを相伴客として新茶碗開きをしている。茶碗は実隆が秘蔵した灰被《はいかつぎ》天目や高麗茶碗の類であったのだろうか。

このように書院造とはいえ同仁斎(独立した建物ではなく、その一室)・角屋(独立した建物)に見る丈間座敷の出現の背景には、必ずや思想的な意味があったとしなければならないが、そのことをうかがわせてくれるのが、豊原統秋の「山里庵」ではなかろうか。構造としては書院と思われるが、ここにはやがて現われる茶室の思想がはっきりと表明されているからである。ちなみに統秋は雅楽の第一人者で、『体源抄』という雅楽に関する故実書の著者としても知られるが、和歌を実隆に学び連歌師宗長とも親交があって、『松下集』という歌集も編んでいる。

その統秋が永正年間(一五〇四—二一)邸内の庭奥にある松の大木の下に「山里庵」を営み、

山にても憂からむときの隠家《かくれが》や都のうちの松の下庵《したいほ》

と詠じたとある(『碩礫集』)。山に入っても心の憂さを晴らせないときの隠家として、都のなかにつくった草庵がこれである、という意であるが、この歌の意図するところはきわめて重大である。

市中の山里

周知のようにわが国では古代末期から中世にかけて西行や鴨長明のような遁世者が輩出した。その動機は人さまざまとしても、遁世隠棲が遊行＝旅とともに世俗、現実生活の場を離れ非日常の世界に入るための手段であったことにかわりはない。その非日常の生活の場がすなわち山里であった。『方丈記』によれば、長明の営んだ草庵の一つは日野の山麓にあり、「一間の庵」すなわち広さは方丈、高さは七尺以下であったという。長明はここで都をのがれ、世の憂さを忘れたのである。遁世者の山里は、文字通り人里を離れた山里でなければならなかった。

しかるに統秋の山里庵は、人里を離れた山里ではない。それどころかかつての隠者たちが捨てたはずの都のなかの山里であった。歌の言葉をもって表わせばまさしく「都の隠家」であった。隠家とはいい条、ここでの山里は、都すなわち現実、日常生活、世俗のなかに取り込まれている。

統秋の営んだ「都の隠家」がどこであったかは分らない。しかし僅かに遅れて村田宗珠の山里は、京都では商工業者の密集した下京にあらわれている。宗珠はかの珠光の後嗣であるが、その屋敷は四条の北にあり、午松庵と呼ばれて永禄七(一五六四)年以前、甥の四条奈良屋村田三郎右衛門に継承され、さらにそのご一位検校なるものが買い取って居住したと伝えている。そこで宗珠のことを人びとは「下京茶湯(者)」と称していた。連歌師宗長の『宗長手記』大永六(一五二六)年八月十五日条に次のような記事がある。

下京茶湯とて此比数奇などいひて、四畳半、六畳舗、各々興行、宗珠さし入《いる》門に大なる松あり杉あり。垣のうち清く蔦《つた》(の)落葉五葉六葉色濃きを見て、

今朝や夜のあらしや拾ふ初紅葉

此発句、必ず興行など、あらまし、せしなり。

そしてここに見る「下京数奇者」としての宗珠の風貌は、さらに中納言鷲尾隆康の日記『二水記』のなかに、より明確な形で登場する。すなわち大永六年八月二十三日、粟田口青蓮院の池庭中島で行なわれた茶会に出席した宗珠をいうのに、「当時数奇宗珠祇候、下京地下入道也、数奇の上手也」といい、享禄五(一五三二)年五月六日には、隆康が青蓮院の尊鎮法親王と曼殊院の尊運法親王を案内して宗珠の「茶屋」を見物したが、それは「山居の躰、尤も感有り、誠に市中の隠と謂ふべ」きものであったという。そしてここでも宗珠は「当時数奇の張本」とされている。下京茶湯者の営む茶屋はまさしく「市中の隠」であり「山居の躰」というにふさわしかったのである。先の統秋の「都の隠家」にちなみ両者を合成すれば「市中の山居(山里)」となる。十六世紀初頭といった時期、山里は都市・日常のなかの非日常の世界であった。

「市中の山里」が都市生活の所産であるとするなら、京都以上の経済力を有したかに思われる堺の町において市中の山里が現われてしかるべきであろう。果してジョアン・ロドリゲスの『日本教会史』によれば、堺の町にもその「市中の山居」

Xichû no sankio

が出てくるのである。ロドリゲスは慶長期(一五九六—一六一五)に活躍したバテレンである。本書には外国人の見た茶の湯あるいは茶室についての詳しい記述があって興味深いが、ここに抽出した部分にも茶室の思想がよく示されている。

　数寄 suky と呼ばれるこの新しい茶の湯 chanoyu の様式は、有名で富裕な堺 Sacay の都市にはじまった。……その都市で資産を有している者は、大がかりに茶の湯 chanoyu に傾倒していた。また日本国中はもとより、さらに国外にまで及んでいた商取引によって、東山殿 Figaxiyamadono のものは別として、その都市には茶の湯 chanoju〔chanoyu〕の最高の道具があった。また、この地にあった茶の湯 chanoju が市民の間で引き続いて行なわれていたので、そこにはこの芸道に最もすぐれた人々が出た。その人たちは、茶の湯 chanoyu のあまり重要でない点をいくらか改めて、現在行なわれている数寄 suky を整備していった。たとえば、場所が狭いためにやむを得ず当初のものよりは小さい形の小家《カジーニヤ》を造るようになったが、それは、この都市がまったく爽やかさのない干からびた海浜の一平原に位置しており、さらにいえば、西側は荒い海岸に囲まれた砂原になっていて、周辺には泉や森の爽やかさもなく、また都 Miyaco の都市に見られるような、数寄 suky にふさわしい人里離れて懐旧の思いにふける場所もないからである。

……このような地所(それは都市の主要で最良の部分であった)の狭さから、茶の湯 chanoyu にふけっていた人のすべてが東山殿 Figaxiyamadono の残した形式で、茶の湯 chanoyu の家を造ることはできないという事態が生じていた。そしてまた、その他の事情が起きて、茶の湯 chanoyu に精通した堺 Sacay のある人たちは、幾本かの小さな樹木をわざわざ植えて、それに囲まれた、前よりも小さい別の形で茶 chā の家を造った。そこでは、狭い地所の許す限り、田園にある一軒屋の様式をあらわすか、人里離れて住む隠遁者の草庵を真似るかして、自然の事象やその第一義を観照することに専念していた。そこは、日本人にとって懐旧にふける場所となるのがならわしであり、またその気質からいって、特に人口稠密な宮都や都市における交渉や激務の中に暮している人々にとっては、少なからず楽しい場所でもある。……

この都市にあるこれら狭い小家では、たがいに茶 chā に招待し合い、そうすることによって、この都市がその周辺に欠いていた爽やかな隠退の場所の補いをしていた。むしろ、ある点では、彼らはこの様式が純粋な隠退よりもまさると考えていた。というのは、都市そのものの中に隠退所を見出して、楽しんでいたからであって、そのことを彼らの言葉で、市中の山居 xichû no sankio といっていた。それは街辻《プラッサ》の中に見出された隠退の閑居という意味である。(第一巻第三十三章第二節。訳は『大航海時代叢書』IXによる)

これによって「市中の山居」が、数奇者の間で好んで用いられた、一種の流行語でもあったことが知られる。ロドリゲスはそれを堺の町人たちのこととして叙述しているが、京都における統秋や宗珠らのことを思えば、むしろ十六世紀の都市における共通した現象であったとみるべきであろう。

都市文化としての茶の湯

新しい数奇が都市住民を基盤として生み出された都市文化であったということの意味を、「市中の山居」をキーワードとして、なお考えてみたい。

市中の山居(里)とは何よりも先ず対比の美意識であった。「市中」と「山里」という対立概念を結合させたところに意味があり、そこから醸し出されるある種の雰囲気を楽しむという、虚構の美意識である。豊原統秋が山里庵を営み、これを山(里)にあっても心の憂さを癒せない時の都でのやすらぎの場とする、といった時、この思想の前提には、山里に入ることが憂き世を逃れるための(唯一の)手段であったとする伝統的観念があったといえるが、しかし都の隠家はもはや山里の代替物ではないであろう。堺の数奇者たちは、市中の山居の方が純粋の隠退(すなわち山里)に勝るものだと考えたとするが、しかしそれは求道的な意においてではなく、山里＝非日常と市中＝俗塵という対立概念を結びつけることによってかえって際立つ両者の特性を享受する、いってみれば美的な意味に転化している。

もっともここにいう純粋の隠退つまり山里が、もともと人里＝都との対比において意識されるものであったことは、たとえば西行が、

世の中を捨てて捨てえぬ心地して都離れぬ我が身なりけり（『山家集』）

と詠じ、捨て切れぬ都＝現実生活への思い、執心を告白していることにもうかがわれる。その意味では都と山里との間には、遠心力＝隠遁の意思と同じほどの求心力＝世俗への回帰心が働いていたというべきで、その矛盾・対立の激しさ、厳しさゆえに、隠遁＝山里のもつ求道性もあったのである。

ところがその隠者の世界において、鎌倉末・南北朝期の吉田兼好のように、山里＝隠遁生活を美的に享受する傾向が現われてくる。『徒然草』に見られる兼好の審美的な人生観照の態度や意識については、ここであらためてふれるまでもないであろう。兼好にとって隠遁＝山里とは俗世間やそこでの生き方を見る上でもっとも確かで有効な手段であった。それだけ遁世＝山里のもつ宗教的・実践的な意味が薄れ、むしろ観照的な美意識となりつつあったことを示している。この傾向の赴くところ、山里が都、市中のなかに登場するのは時間の問題であったといえるし、いまや出現した隠家・山里は都市のなかの非日常、虚構の空間に他ならなかった。

このような意味をもつ虚構の世界を求め、対比の美意識を抱いたのは、もはや明らかなよう

に都市民であった。応仁・文明の乱以後に顕著となる都市の発展——農村との構造的分化のなかで、都市民が自分の生活に欠けているもの、自分の体質にないものを求めた結果である。したがって市中の山里は生活のなかに非日常の世界を取り込むことであり、それは生活の虚構化ということでもあった。考えてみれば山里は、その山里・田舎に住む人びとにとっては生活(の場)そのものであり、ことさらそれを求める意味も必要性もなかった。とすればこうした生活の虚構化はすぐれて都市的なものの果す機能であり、都市民の美意識のあらわれであったことも了解されて来よう。このことは、道具所有熱の昂揚のなかに「わび(茶)」が意識されるようになるのと全く同じ精神構造であったといわねばならない。

「わび」については、利休に至る茶の湯の流れを見た上で、考えてみることにしたい。

2　茶の湯と天文文化

書院と草庵の連続と非連続

道具所有にかかわる唐物数奇から倭物数奇への転換と、茶の湯がもたれる場としての市中の山里の出現とは、これまでの考察からも明らかなように時期的にほぼ重なっていたというばかりではなく、その根底に流れる美意識においても共通していた。有徳(富裕)者の美意識がそれである。ことに山里＝草庵の出現は、従来の書院座敷にかわる新しい茶の湯の場が生れたことを意味し、これが武家社会を中心に発展して来た書院茶の湯に対比される草庵茶の湯成立の前提条件となった。

ただしこの草庵茶の湯(茶礼)は先行する書院茶の湯(茶礼)と決して無関係ではない。その理由は、義政の「同仁斎」(小書院)や実隆の「角屋」(小書院)はもとより、都の隠家であった統秋の「山里庵」や、市中の山居であった宗珠の「茶屋」にしても書院造ではなかったかと思われるにも拘らず、それら小書院＝小間の座敷には共通する思想があり、草庵の美意識が共有されていて、それはこの後に展開した本格的な草庵茶室のそれとまったく変るところがなかったからである。建築技法の上では別系統のものであるとして、書院茶の湯と草庵茶の湯との連続性を否定することは、同仁斎を書院であって茶室ではない、といった議論と同様(それ自体は

草庵茶室(菅田庵，松江市)

間違いではないとしても）、時代の流れを断ち切り、思想や美意識の発展といったものを認めない形式論となろう。むしろ事実は、そうした思想が醸成されるなかで、よりふさわしい茶の湯の場として新たに選択され考案されたものが、草庵―田舎風の建築様式であったと見るべきものではなかろうか。しかしその結果、茶礼に大きな変化が生じたことも確かである。その意味において書院茶の湯と草庵茶の湯との間には連続と非連続の両面がある。

この連続と非連続ということに関連して、時期は多少遡ることになるが、その接点に位置した村田珠光にもう一度登場してもらおうと思う。『山上宗二記』にはこの珠光が能阿弥の推挙によって同仁斎主人義政に召し出され、茶の湯の宗匠になったという記事があるのである。

珠光が義政の同朋衆であった能阿弥と関わりがあったらしいことは、能阿弥本『君台観左右帳記』の一本に、大永三（一五二三）年二月吉日付、村田宗珠の奥書のあるものがあり、「右此一冊者、自二能阿弥一珠光江御相伝有、是ヲ従二珠光一我等（宗珠）ニ又被レ成二御相伝一候間云々」とあることからもうかがわれる。『山上宗二記』にも、珠光は目利稽古の道を能阿弥に問い窮め、これを「珠光一紙目録」一巻にまとめたとあり、単なる伝承とはいい切れないものがある。義政との関係を示す確かな史料はないが、能阿弥との接触は十分考えられるところで、以前述べた珠光の唐物名物所持には能阿弥から受けた影響といったものも少なからずあったのであろう。珠光は書院茶の湯に接触することで名を顕わした茶人なのである。その点で『南方録』が、四畳半は珠光の作事でこれを「真《しん》の座敷」といい、書院の飾り物を置いたが物数は省略した、と珠光を位置付けているのは、四畳半の作事は別として、基本的な点では従ってよいと思う。

大徳寺の茶づら

ところでこの珠光を語る上で忘れられないものに、大徳寺の一休との接触がある。これも『山上宗二記』のいうところであるが、一休に参禅した珠光がその印可の証として圜悟克勤《えんごこくごん》(北宋時代の禅僧で『碧巌録』の著者)の墨蹟を与えられ、それをはじめて茶掛けに用いたとある。これが「墨蹟開山」の由来であるが、留意されるのは珠光の参禅が機縁となって、これ以後ひとかどの茶人は武野紹鷗にしても千利休にしても、大徳寺(あるいはその末寺。堺では主に南宗寺)に参禅するのが当然のようになったことである。再言するまでもなく茶の湯が禅院茶礼を母胎として成立した以上、その一つである大徳寺との関係があって何の不思議もないが、後に「茶づら(面)」といえば大徳寺のことと理解されるほどになったのは、ひとえに珠光と一休との出会いに負うている。一休に帰依するものは公家・武家をはじめ町衆(ことに堺の)・連歌師・猿楽者など少なくなく、珠光もその一人であったのであろう。

ちなみに京都の臨済禅院には、京童がそれぞれの性格に応じて巧みにつけた愛称があって、相国寺の「声明づら」、建仁寺の「学問づら」をはじめ、京都禅院中最大の規模を誇った東福寺は「伽藍づら」、妙心寺に至っては、その厳重な経理制度から「そろばんづら」と呼ばれたものだった。大徳寺の「茶づら」も「京の禅づら」の一つというわけである。

それにしても一休のころ大徳寺で特別茶の湯が盛んであったというわけではないし、一休自身も格別、茶の湯に関心を有していたとも思えない。にも拘らず大徳寺が「茶づら」になったのは、珠光の参禅帰依を契機として茶の湯と禅との関係があらためて問われるようになったためであろう。

しかし珠光が禅を茶の湯のあり方にどこまで生かそうとしたかについては、わたくしは多少疑問に思っている。圜悟の墨蹟を茶掛けにしたことも、珠光の旺盛な唐物趣味の一環として理解されるものではないか。書が茶掛けにされた例は、日本人のものであるが、すでに応永のころ伏見院貞成《さだふさ》親王が巡事茶会で伏見院の宸筆を掲げたという事実がある(『看聞御記』)。また珠光が「ひゑかれる」境地を説き、「月も雲まのなきはいや」と麁相の美を強調したことはよく知られるところであるが、そこにあるのは連歌師心敬の歌論から受けた美意識であって、禅の精神を説くところはほとんどなかったように思う。このあたりのことについては、「わび」が紹鷗のころから強調されるようになることと密接な関係があるので、のちに「わび」について考えるとき、もう一度想起することにしたい。美意識の面でも珠光は書院茶の湯から草庵茶の湯への過渡期に位置していたといってよい。

天文茶会記の出現　美意識の上からする書院茶の湯と草庵茶の湯との連続・非連続を考えてみたが、荷担者の面からすると、前者の武家に対して後者は町衆であって、そこには明確な断

有徳者の茶道具所有（『福富草子』妙心寺春浦院蔵）

絶と移行がある。「下京茶湯（者）」「市中の山里」の主体は町の富裕者たちであった。数奇の対象が唐物から倭物へ移ることによって、かれらの世界における道具所有熱はかえって昂揚し拡大されたことは、以前指摘した。狂言「こぬすびと」のなかにもそうした有徳の下京茶湯者が登場する。「下《しも》の町」（下京）に「誰殿と申して大有徳の人が御座るが、殊無い道具好で、不断道具が取散らいて有ると申に依て」、その有徳人の家に忍び込んだ泥棒の目に映じたものは、

> 扨〳〵結構な普請かな。イヤ、又有徳人の普請は違うた物ぢや。さればこそ是には色々道具が取散いて有る。是は何ぢや。ハハア、茶の湯の道具ぢや。風炉・釜・茶碗・茶入、扨も〳〵結構な道具ぢや。此釜は定て芦屋で有う。又此茶碗はうたがひもない高麗で有う。扨又此茶入の形のしほらしさ。是は何を一色取ても一かどの元手ぢや。

というものであった。このなかに登場する筑前芦屋の釜は、下野の天明《てんみょう》釜とならぶ茶釜の名品で、茶の湯の普及が地方の産業に刺戟を与えた様子もうかがわれる。また高麗茶碗の名が見えるのも重要で、唐物—高麗物—倭物の推移については、まとめてあとに述べたい。

有徳町人に見るこうした道具所有熱は、それをもってする茶の湯の場—茶室の所有にまで、かれらを駆り立てずにはおかなかったと思われるが、事実の語るところも、十六世紀の前半期を通じて「市中の山里」が広汎に出現したことを示している。そしてこのことが、十六世紀中葉、天文年間に至って茶会記が登場する要件ともなったわけである。

すなわち茶会記とは、当日の茶会のもたれた場所(茶室)・出席者、用いられた茶道具の名などを書き上げた記録のことで、次の三つがもっとも早い時期の茶会記として知られている。

(1)『松屋会記』……天文二(一五三三)年にはじまる奈良の塗屋、松屋源三郎家の茶会記で久政・久好・久重三代の他会記(客人として招かれた時の記録)。久政他会記は天文二年—慶長元(一五九六)年、久好他会記は天正十四(一五八六)年—寛永三(一六二六)年、久重他会記が慶長九年—慶安三(一六五〇)年。全体を久重が編集整理した。ただし久重自筆本は現存しない。

(2)『天王寺屋会記』……天文十七年にはじまる堺の豪商、天王寺屋津田家の茶会記で、宗達・宗及・宗凡三代の茶会記(自会記・他会記)。宗達のは天文十七年—永禄九(一五六六)年の自他会記、宗及のは、永禄八年—天正十五年の他会記、永禄九年—天正十五年の自会記(他に

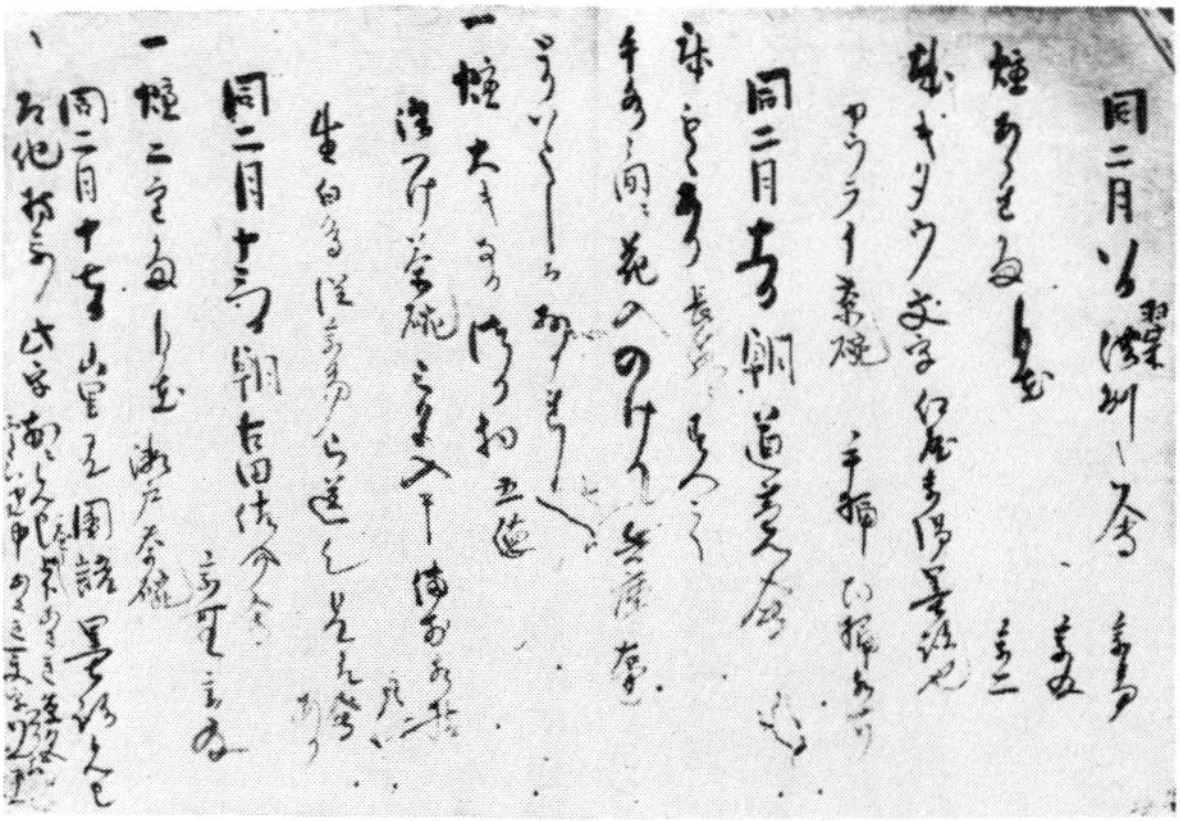

茶会記(『天王寺屋会記』天正13年2月条，松浦家蔵)

道具拝見記あり)、宗凡のは天正十八年の他会記(元和元・二年の覚書少々あり)。自筆部分が残っていること、自会記(自分が亭主となって催した茶会の記録)・他会記が揃っていることなどの点で史料的価値が高い。

(3)『今井宗久茶湯書抜《かきぬき》』……今井家は堺の豪商で屋号は納屋。天文二十三年—天正十七年の自他会記。写本。

これ以外にも同類はあったに違いないが、散佚したものであろうか、知られていない。

さてこの三つの茶会記(三大茶会記)はいずれも天文年間にはじまっていることから、しばしば「天文茶会記」というふうに呼ばれるが、この天文茶会記の出現は、町衆間における茶会の普及ぶり、換言すれば量的な拡大を示すばかりでなく、質的にも茶会のルール、茶礼が確立したことを物語るものであった。その意味で天文年間は、茶の湯の歴史上もっとも大きな画期であったといえると思う。そして天文茶会記の出現は、この時期、花の世界における特徴的な傾向である花伝書の増加とともに、天文期のもつ文化史的な意味といったものを語りかけているように思われる。

天文花伝書の展開

ここで『君台観左右帳記』の世界で見た座敷飾の立花のそのごを辿っておきたい。というのは立花の分野でも十五世紀末から構成理論の面での進化が見られ、諸種花伝書の作成はその指標とみなされるからである。花伝書とは「花の立てやう(様)をしるしたる書」(『日葡辞書』)で一般的に巻物の形式をとり、花形を描く絵と説明文とからなり、重要な部分については「口伝有り」として内容を記さない。その意味では口伝と公開の過渡期における伝授の書である。応安元(一三六八)年二月の奥付をもつ『立花口伝之大事』は佐々木道誉に仮託された書であろうからこれを除くと、主なもので次のようなものが知られている。

(1) 『花王以来の花伝書』……文明十八(一四八六)年五月、池坊より宰相公なるものに相伝したもの。

(2) 『宗清花伝書』……享禄二(一五二九)年の奥書あり。

(3) 『仙伝抄』……文安二(一四四五)年に富阿弥が三条家の秘本を足利義政の所望によって相伝し、以後七人の手を経て天文五(一五三六)年に池坊専慈(応)が伝受した。「本文」「谷川

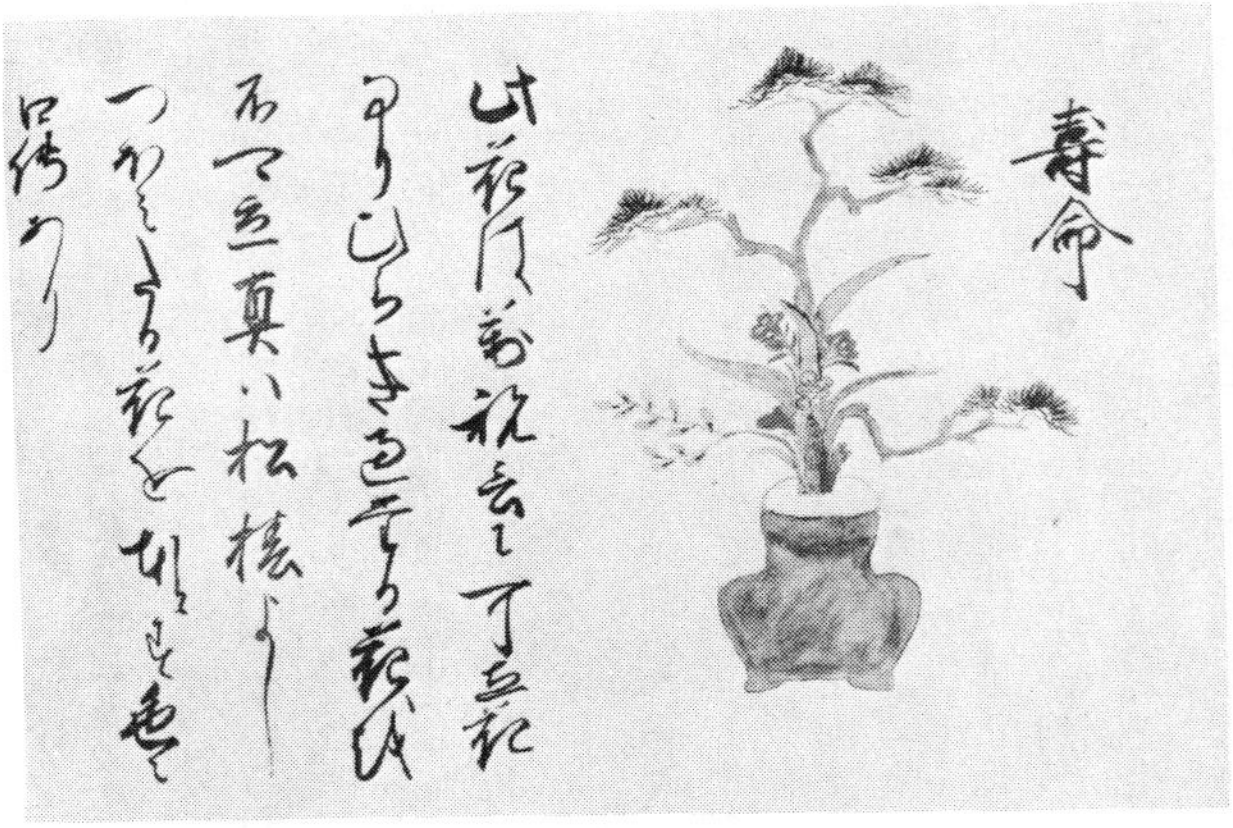

『宗清花伝書』寿命の花の部分(大和文華館蔵,『いけばなの文化史Ⅱ』角川書店刊,より)

流」および「奥輝《おくてる》之別紙」の三部から成る。原本・古写本ともになく慶長・元和の古活字版が最古。

(4)『専応口伝』……㋑大永三(一五二三)年、㋺享禄三年、㋩天文六年、㋥天文十年という年紀のちがう四種があり、『続群書類従』所収の㋥がよく知られている。

(5)『唯心軒伝書』……奥書によれば、天文五年に西坊唯心軒が同流の助八郎に相伝したのを、その友人である宗源が天文十三年に写したものという。仮名書き。

(6)『宣阿弥花伝書』……奥書によれば天文二十一年に池坊の弟子、宣阿弥が長谷寺の執行、廊の坊大部卿に与えたもので、その子孫に伝えられ現存。

(7)『中将公花伝書抜書』……天文二十一

年に池坊流の中将公なるものより受けた口伝を遊花斎が記す。

(8)『花伝書』……奥書によれば天文二十三年に中尾徳印入道秘蔵の一巻を懇望して淳盛が写したものという。

これらを総称して花伝書といっているわけであるが、その出現の意味は、花論の成立にあったといえる。以前触れたように『君台観左右帳記』のなかでは、押板床におかれる三具足の花が「真《しん》」の花、同じく脇花が「行《ぎょう》」の花、そして違い棚の下や柱・天井の釣花などが「草《そう》」の花といった形で認識され、ことに三具足(香炉・燭台・瓶花)の花を中心に構成理論がつくられていた。

ところが十六世紀に入ったころからこれらの瓶花はそれまでの規制からはなれて自立化しはじめ、床の間の主役となって行く。簡単にいえば床の上に、香炉・燭台をともなわず瓶花だけが飾られるようになることである。それにともない瓶花の規模が大型化したばかりではない、花の構成にも「心《しん》」――「身」とも「真」ともいい、中心の本木《もとき》のこと――と「下草《したくさ》」――本木に添えられる草で「そへ草」「あしらひ」ともいう――との関係に関心が昂まり、ことに初期の段階では単純であった下草の役割が多様化し、大型化と相俟って立花を豪華なものとした。諸種の花伝書はそういう時期に次々と生れたもので、花論形成の指標とされるゆえんもそこにある。花伝書の場合、茶会記とは異なり、天文以前から出現しはじめてはいるが、しかし先に掲げたところからも知られるように、天文年間に昂揚していることも確かである。そこでこれを「天文花伝書」と総称している。またこうして形成された構成理論をもって立てられた花を「立華《りっか》」と称し、それ以前の花を「立花《たてばな》」と称して区別している。

天文文化の提唱

花伝書の展開と茶会記の出現とは別個に見られた現象であり、両者の間に因果関係があったという類のものではない。しかしそれだけに花と茶の世界に現われた共通する傾向――質的な発展と量的な拡大――は、ここに至って都市民＝町衆を基盤とする都市文化が成立したことを示すもっとも明白な徴証であったといえる。立花が「都鄙のもてあそび」(『専応口伝』)となり、これを「家業」とする池坊をはじめとする花の宗匠があらわれたのと同様、茶の世界でも「目利ニテ茶湯モ上手、数奇ノ師匠ヲシテ世ヲ渡ル ハ 茶湯者ト云」(『山上宗二記』)、といわれる宗匠が登場しはじめるのも、このころからである。

近時、十六世紀中葉におけるこうした文化的な昂揚現象をとらえ、その時期の年号をもって天文文化と称することがある。なお十分には熟していない概念と呼称であるが、茶の湯や立華といった生活文化に特徴づけられる本格的な都市文化の成立期として措定する意義は十分にあり、わたくしもこの言葉を積極的に用いたいと思う。

もっとも天文文化を見る場合、京都・堺・奈良といった都市を母胎として成立した都市文化という特質だけでなく、それと深い関わりを持ちつつ発展した、いわゆる「領国文化」の成長

山口の鷺舞(八坂神社)　詞章も失われた古拙の舞

期でもあったことに留意する必要がある。戦国大名がその領国支配を実現する過程に生み出した地方文化のことをいうが、この時期に顕著であった都鄙の交流なくしては実現しなかったものであろう。連歌師や琵琶法師をはじめとする芸能者や遊行者たちの旅わたらいはもとより、建武中興以来、大名武士たちの京都止住が公武の文化の混淆をもたらし、かれらを通じて京都の公家文化や都市文化が地方へ伝達された。いわゆる「小京都」は、そうした地方武士たちのもつ中央志向の意識のなかに出現した領国文化の象徴であった。

小京都と領国文化

小京都とは、立地条件や町並みなど自然的・人文的な景観や生活習俗などにおいて、京都に似た雰囲気をもつ地方都市をいい、近時は旅ブームのなかで静

中村の大文字　郊外の間崎で点火される

かなたたずまいの町であれば無限定に小京都を称するが、歴史的には戦国時代、地方の大名が城下町を形成するにあたり、東山や鴨川に比せられる山河のある、京都と共通する立地条件の土地を選び、そこに碁盤目状の町並みや京風の家屋、あるいは祇園社・稲荷社・清水寺などの諸寺社を勧請、言語や習俗・祭礼など、積極的に京都文化の導入を図ることで生れた。

早い時期でのものでは南北朝時代、大内弘世によって開かれた周防山口が「帝都の模様」を遷して「西の京都」といわれた。この大内氏と血縁関係をもち、山口をへて京都文化を受容したのが石見吉見氏の津和野で、変遷はあるが弥栄神社の鷺舞がいまも小京都のシンボルとなっている。

また「越南の都」といわれた越前朝倉氏の一

乗谷も、規模こそ小さいが、公家僧侶が多数訪れ、この谷間に京都文化が開花した。京都の屋敷に山里庵を営んだあの豊原統秋もこの地に下向している。一乗谷の屋形にもあった数奇の座敷については、のちにふれるところがあろう。前関白一条教房が応仁の乱を避けて幡多郡の家領に下ったのにはじまる土佐中村も、いまはその面影は薄れたが、碁盤目状の町並み、祇園社あるいは大文字送火などに、小京都の条件をもつ。この場合は公家がつくり出した小京都であるが、為松氏など土豪たちの支持があってはじめて存在しえたという点で、武家のつくった他の小京都と本質的にかわるものではない。

都鄙の間における文化的落差のなかに登場したのが小京都であり、それは地方大名たちが京都の「景気」を描く「洛中洛外図屏風」を求めた心理と共通する。しかしこうした地方大名の文化的欲求とそれによる領国文化の形成がなければ、やがて豪華絢爛と開花する桃山文化もありえなかったことは確かである。

そしてさらにいうなら、その豪華絢爛と共存するところに草庵のわび茶の湯の特質も見出されるはずであった。

3 一座建立・一期一会

数奇と振舞と

この節では、前節でその出現の歴史的意味を述べた茶会記の内容に即して、茶の湯の特質をさらに考えてみたいと思う。

そこでも述べたように茶会記は天文二(一五三三)年からはじまったが、次に掲げるのが『松屋会記』(久政茶会記)の冒頭にのせられている、もっとも早い茶会記である。

三月廿日

一、四聖坊(東大寺)へ　(久政一人)

床ニ川チサ、一文字　牧渓筆　板ニ平蜘蛛(釜)　ソバ(傍)ニ石花香炉

タチ(簞笥)ノ内ニ、盆ニツルクビ(鶴首、茶入)　大合子水サシ　ウス(薄)茶碗　カネノ平キ水コボシ

茶過テ素麵《そうめん》アリ。

まことに簡単な記述である。ちなみに、のちに茶の湯を大成する千利休が茶事に登場するのはこれから十一年後、天文十三年二月のことで、同じく『松屋会記』に所見する。この時の茶会記も参考のために掲げておこう。時に利休は二十三歳、武野紹鷗に師事して五年目のことであった。

(二月)廿七日

一、堺千宗易へ　　右両人(恵遵房・松屋久政)

釣物一　手水ノ間ニ、床ニ四方盆ニ善幸香炉、袋ニ入テ、板　ツルベ(水指)　珠光茶碗

香炉セカイ(縁辺)内角アツク、腰ノ上下ニ指ノアト程ノスジ二ツ、アリ、間ハ二分程アリ、ヒビキ(裂紋)大小アリ、色青シ、フキスミアリ、土紫色也、底ニテスハル、高二寸八分余アルト也。

フ　汁タウフ、ツク〱シ　引物クラゲ

ウド　飯　菓子カヤ、クリ、クモタコ三種

茶会記を通して知られる事柄は多岐にわたる。当日出席した人物、用いられた道具など個々について統計的な処理と分析を行なえば、人間関係や道具の好みの傾向とか変遷といったことも明らかとなる。人物の動静を茶会のなかに探ることで、高度な政治史の史料となるような部分も少なくない。

それはともかく、ここでは当時の茶会の特徴を知るために次のこと――「数奇」と「振舞」と――に着目したい。先掲の二例にもきわめて簡単にではあるが、道具記のあとに食事のことが書かれている。ここにはその文字は見当たらないが、これが「振舞」と称される部分に当たり、時に「仕立」とも「料理」とも書かれるように、茶事のあとに出された食事のことである。これに対して茶事の部分を「数奇」といった。つまり茶会は「数奇」(茶事)と「振舞」(食事)とから成っていたわけである。

正午の茶事

この事実は、われわれに、茶礼が禅院における喫茶喫飯儀礼を母胎として成立したものであることを、あらためて想起させる。食事と酒との関係は古来密接であったが、食事と茶とが結びつくのは、天台座主良源の「廿六箇条起請」のなかで「調鉢(食事)・煎茶」が禁制の対象とされたことがあったように(三四ページ)、旧仏教寺院でも見られないわけではないが、やはり禅宗寺院における喫茶喫飯の影響に負うところが大きいと思われるからである。すなわち『喫茶往来』によれば、以前述べたような茶事(いわゆる四ツ頭茶会)は、その前後に酒食を伴っていた。すなわち、

(1)　会衆が客殿に集まると、まず水繊《すいせん》(葛切り)・素麺《そうめん》といった点心や酒茶が出される。
(2)　そのご会衆は席をはずして庭を逍遥する。
(3)　しかるのち二階の奇殿(喫茶の亭)で茶会をはじめる。——この部分については既述した。
(4)　茶会が終ると道具が片付けられ酒宴に移る。

というものであった。これは、こんにち茶事の基準とされる「正午の茶事」そっくりである。正午の茶事では、まず会衆に一汁三菜、酒三献、菓子が出され、その間に初炭が置かれる。人びとはいったん茶席の外に出て露地の腰掛で待つ。いわゆる中立《なかだち》である。準備ができた合図で茶席に戻り、そこで後入《ごいり》の茶事が始まる、というものである。これは禅院での茶礼食礼に基づく『喫茶往来』の時代の茶が、基本的にはその後も引きつがれ、こんにちに及んでいることを

書院座敷の饗宴(『酒飯論』三時知恩寺蔵)

示している。

会席料理　しかし書院座敷の出現が禅院茶礼に変化をもたらしたように、食礼にも影響を与えたに違いない。室町時代、武家社会における晴の食事のことを式正料理といったが、その特徴はまず式三献(引渡膳・雑煮膳・吸物膳)が出され、ついで七五三膳または七の膳などと呼ばれる本膳料理が次々と出されるところにあった。本膳料理というのは料理が各人の前に高杯・三方あるいは折敷をもって出されるからで、豪華なものになると本膳の他に追膳(二の膳)・三の膳と続き、饗膳が終ってもあらためて酒宴となり、それは時に十献・十五献と及ぶものであった。

この式正本膳料理は、以前述べたように饗宴の場である書院座敷の大型化にともないますます豪華なものとなる一方、小型化する傾向のなかで田舎風の草庵茶室が出現しそれに相応する茶礼が成立したように、料理法についても、本膳料理を簡略化したものが考え出されたに違いない。書院茶の湯と草庵茶の場とがいわば非連続の連続という関係にあったと同じことが、料理の面でもあったろう。

いわゆる(茶)会席料理がそれである。もっとも会席料理とは人びとの集まりの席に出される料理の意であるから、大書院に出される豪華な本膳料理も会席料理なら、農村の宮座に出される食事も会席料理といって間違いではないが、一般には式正本膳料理を簡略化したものを茶会の席に出される料理という意味で「会席」料理といい、たんに会席だけでも通用した。その意味で、成立に疑問がもたれてはいるが『利休百会記』が別名「天正年中御会席附利休百会」とか「利休流茶湯振舞」といった名で呼ばれているのは、この茶会記が会席料理の記録と認識さ

会席料理(夜咄の茶事)

れていたことを示し、茶会における料理の占める役割を示唆しているといってよい。

それにしてもこの会席の語は、当時京都・堺・奈良などの都市民の間に盛行していた茶の湯が、「一座建立《いちざこんりゅう》」の寄合のなかでもたれたことの別表現であり、その一座建立の一翼をになったのが食事―「会席」料理であったことを示している。

もっとも元禄期前後から茶の世界では「会席」にかわって「懐石」の語が用いられるようになる。懐石とは温めた石――温石《おんじゃく》――を懐中に入れて空腹感を癒したことから軽い食事のことをいい、たまたま会席と音通するところから、禅的なひびきをもつ懐石の語を用いるようになったものであるが、この改称は、江戸中期から料理屋(料亭)がしきりに会席料理を看板に営業するようになったのを茶人が嫌ったため、というのが真相に近いようである。

茶人の作意

この会席料理はいわゆる京料理の母胎となった。ことに京料理の特質をなす「作意」はまさしく会席料理のなかから生れたものに他ならないが、これについては『山上宗二記』が次のように述べている。

会席ノ事、種々ニ毎度替ル也。正風体ナルハ日々幾度も可レ然。珍シキ方術ハ十度ニ一度カ二度カ。(しかるに)名物持ニテ若キ出仕ノ衆ハ、三度モ四度モ珍敷方術イタス也。物ヲ麁相ニ見ユルヤウニスルガ専一也。総テ茶湯ニ作(意)ヲスルト云ハ、第一、会席、……第二、道具荘ヤウ……、但、人の作意ヲ以テスベカラズ。

これによれば、茶人の作意は道具飾りよりも会席にこそあるとして、会席での作意が重視されている。もともと料理とは、「はかりおさむとよみて、食事を調ふる事ばかりに限らず、何事にても取りはからひ調ふることを云」(『貞丈雑記』飲食之部)ものであったが、取合せの作意性は茶の湯の命であったことを思えば、数奇と振舞との結合のなかで洗練された会席料理＝京料理は、生活文化の最《さい》たるものということもできよう。

この生活文化としての料理が、草庵茶の湯がそうであったように現実的な都市(民)の美意識の所産であったことはいうまでもないであろう。日常生活の虚構化——それは遊びといってもよいものであるが——は一定の経済力があって可能な都市の機能であり、その体質であったからである。その点で日本料理、京料理が会席の料理として洗練され、完成されたことの意味は小さくなく、ことに京料理は茶の湯との関わりなしには生れなかったといってよい。

亭主振り
客人振り

料理が「振舞」といわれたことについてもう少し考えてみたい。「振舞・振舞う」という言葉はもっとも単純には「行動・行動する」といった意で、この場合は個人の身体的動作にとどまるが、それが「馳走・馳走する」といった意味にもなるのは、行動することが次々と人間関係を生じさせるからであろう。そして他人のために振舞う—馳走・奔走することの、もっとも具体的かつ原初的な表現が、饗膳料理をもってすることとされたのであろう。こうして料理が「振舞」と呼ばれ、茶事にも取り入れられたわけである。いや、正確にいえば、元来は料理も茶事も未分化だった饗宴から茶事と料理とが整序されたのが、先に見た茶会における数奇と振舞であった。

振舞にこのような意味があったとすれば、そこに求められた「取合せ」とは、材料の選択や組合せといった即物的な意味にとどまらず、振舞うべき対象、すなわち人間に向けられて「心くばり」といったものになることは容易に察せられるところであろう。その点では「振舞」(料理)をふくむ茶の湯そのものが、広い意味での振舞の行為であったといえる。そして人間関係が重視されるとき、遊びのなかに倫理が生れて来る。

そのあたりのことをやはり『山上宗二記』は次のように述べている。

一、客人フリ(振)事、在二座ノ建立一ニ、……第一、朝夕寄合間(間柄)ナリトモ、道具ヒラキ、亦ハ口切ハ不レ及レ云ニ、常ノ茶湯ナリトモ、路地ヘ入ヨリ出ルマデ、一期ニ一度ノ会ノヤウニ、亭主ヲ可二敬畏一、……

ここにいう「客人振(舞)」とは、茶会に出席した客人としての振舞い、所作あるいは心得のことである。しかしこれに続く条項に、「亭主フリノ事、心ニ成程客人ヲ敬ヘシ……」とあるから、亭主・客人双方に求められた心得といってよい。そしてその心得は「一座の建立に在」りというものであった。

一座建立

「一座建立」の語は、これ以前にも世阿弥が用いている。『風姿花伝』のなかに、「この芸とは、衆人愛敬を以って一座建立の寿福とせり」とある。この場合の一座とは猿楽能の座、より直接的には世阿弥の率いる観世座のことをいい、その一座が成り立つためには衆人愛敬——多くの人びとの賞翫——を得ることが必要であると説いたもので、そのなかには、最大の庇護者であった義満が没したのち、義持の代になって不遇な境涯におかれていた世阿弥の、「さればいかなる上手なりとも衆人愛敬欠けたる所あらんをば、寿福増長の為手とは申しがたし」といった切実な思いがこめられていた。この場合、衆人愛敬は貴人賞翫にかわる一座建立の拠であり、衆人との融和が求められているといってよい。しかし世阿弥が、「ちからなく、この道は見所を本にするわざなれば」(残念ながら能楽の道は見物席の賞翫を根本にするものであるから)と述べる時、見所＝観客は演者として対決すべき相手ではあっても、所詮融和できない存在と見ていたとすべきであろう。世阿弥の見所論、したがってまた演技論はそのためにこそ展開されたといっても過言ではない。

これに対して茶の湯での一座建立は、客人は亭主を、亭主は客人を「畏敬すべし」というように、むしろ同化の方向で理解されている。もっとも、畏敬という言葉には、これが無条件の融和でないことが示されてはいるのだが。その意味では世阿弥の説いた一座建立と茶の湯の世界でいわれた一座建立とは、重なり合う要素はありながらも、結局のところは相容れない、対立する概念であったといえると思う。そしてこれは、いわゆる舞台芸能と室内芸能との違いを示してもいる。

能楽との対比のなかで、演者と観客の関わりといった問題が浮び上って来たが、じつは茶会においても会記が台本、茶室が舞台、主・客が演者と観客である、といった見方から、茶の湯にも演劇的な要素が認められるとする理解があるのである。たしかに客は当日用いられる道具の取合せに亭主の趣好を吟味しつつ、その点前ぶりを鑑賞することができる。しかし亭主の点茶した茶碗を客人が受けて飲む、となると、亭主の動作は客人に引き継がれ、こんどは亭主が観客の側に廻ることになる。つまりここには演者と観客の完全な分離はなく、むしろ両者の間には可逆関係ともいうべきものが生じている。両者が次々とその立場を変化させつつ、全体として有機的なつながりをもちながら全過程が完了するのである。このような寄合の芸能の特質を「当座性」——まさにその座にあって関わり合う——と呼ぶなら、一座建立の振舞はその当座性が求めた必須不可欠の心得であり、「一期《いちご》一会《いちえ》」というのがその理念であった。そしてここに至って振舞は寄合の倫理となった。

一期一会　そうした意味をもつ一期一会の語が天正年間になる『山上宗二記』に所見することは、その観念が十六世紀の中葉あたりには生れていたことを示しているが、この語が茶の湯と関係して知られるようになったのは、幕末の大名茶人、井伊直弼の『茶湯一会集』

に負うところが大きい。直弼はこの書のなかで茶の湯の精神を、この「一期一会」と「独坐観念」という言葉で説いたのである。

ここには関係部分を引用し、思想としての茶の湯の、一つの到達点を示しておこう。なお本書は、直弼が三十一歳のころ起筆、推敲に推敲を重ねて十五年、桜田門外に横死する直前、安政五(一八五八)年ころに清書本が完成している。

(序)

抑《そもそも》、茶湯の交会《こうかい》は、一期一会といひて、たとへバ、幾度おなじ主客交会するとも、今日の会《え》にふたゝびかへらざる事を思へバ、実に我一世《いっせ》一度の会也。去《さ》るニより、主人は万事ニ心を配り、聊《いささか》も麁末《そまつ》なきやう深切実意を尽し、客ニも此会に又逢ひがたき事を弁《わきま》へ、亭主の趣向、何壱《ひと》つもおろかならぬを感心し、実意を以て交るべき也。是を一期一会といふ。必々主客とも等閑《なおざり》にハ一服をも催すまじき筈之事、即一会集の極意なり。

独坐観念

一、主客とも余情残心《よじょうざんしん》を催し、退出の挨拶終れバ、客も露地を出るに、高声ニ咄《はな》さず、静ニあと見かへり出行ば、亭主ハ猶更のこと、客の見へざるまでも見送る也。扨、中潜《くぐ》り・猿戸《さるど》、その外戸障子など、早々〆立《しめたて》などいたすハ、不興千万、一日の饗応も無になる事なれバ、決而《けっして》客の帰路見えずとも、取かた付急ぐべからず。いかにも心静ニ茶席ニ立もどり、此時にじり上りより這入《はいり》、炉前ニ独坐して、今暫く御咄《おはなし》も有べきニ、もはや何方《いずかた》まで可被参哉。今日一期一会済て、ふたゝびかへらざる事を観念シ、或ハ独服をもいたす事、是一会極意《ごくい》の習なり。此時、寂莫《じゃくまく》として、打語ふものとてハ、釜一口のみニシて、外ニ物なし。誠ニ自得せざればいたりがたき境界《きょうがい》なり。

読んでの通りで解説の要もないが、これほどに思い入れをする芸能もないのではないか。

しかし寄合の芸能におけるこうした倫理性の発現は、寄合性が主―客あるいは演者と観客との関係を結びつけ融和する方向、いわば求心力として働くために、両者の間の相互批判は、少なくとも建前としては行なわれず、したがってこの世界では芸能批評がほとんど育たなかったし、また世阿弥が厳しく追求したような見所論も生れなかった。芸能の発展の上で、この功罪は相半ばするといってよい。

むろん茶人の芸に対する評価がなされなかったわけではない。

数奇ト云ハ(人と)違而《ちがつて》スルガ易(利休)ノカカリナリ。此故ニ古織(古田織部)ハヨシ、細川三斎ハ少モチガハデ、結局ソレ程ニ名ヲ得《え》取リ不レ給ト云フ。(『茶道四祖伝書』古織伝)

といった評価なら、近世の茶書にいくらも見ることができる。しかし茶書の多くは『茶話指月集』(久須見疎安著)といった書名にもうかがわれるように、茶人の逸話に数奇の心を語らせるという形をとっていて、茶論といえるほどのものは少ないのである。

そしてここに見る特質は、ひとり茶の湯にとどまらず、茶の湯に集約される日本人ならびに日本文化の体質――善きにつけ悪しきにつけ――であったように思われる。

4　千利休の史的位置

堺の町人

茶の湯の歴史の上で天正年間(一五七三―九二)は、千利休をはじめ今井宗久・津田宗及ら堺の町衆出身の茶人たちが輩出し、織田信長・豊臣秀吉の茶頭となって活躍した時期として知られる。かれらと信長との関係は、永禄十一(一五六八)年九月将軍義昭を擁して入京した信長が、翌月、摂津・和泉に矢銭を賦課したのをきっかけとして生じた。

この時二万貫を課せられた堺の町衆はこれを承引せず、能登屋・臙脂《べに》屋を大将として三十六人の会合衆《えごうしゅう》が中心となって団結し、溢《あぶ》れ者や浪人を集め、櫓を構え、堀を深くし、北の町口に樋を埋め(菱を撒くとも)、防戦体制をとったという。しかし翌年正月五日、三好政康・同長逸らいわゆる三好三人衆が堺で準備を整えた上、義昭を京都の本圀寺に攻めるという事件を起したのを機に、信長が堺に使いを派遣し徹底的な攻撃を行なうと宣言したところ、一転して抗戦論は崩れ、かわって和平論が抬頭、信長の要求に従っている。同年二月、佐久間信勝・柴田勝家ら信長の使者百人ばかりが下向し、堺の町を接収したが、その折り津田宗及は、百人をこえるこれら使者を自宅に招き、終日振舞っている(二月十一日)。『信長公記』によれば、今井宗久も、すでに前年の十月二日、当時摂津芥川《あくたがわ》にいた信長に岳父武野紹鷗(宗久は紹鷗の女婿であった)より伝来した松島の茶壺と紹鷗茄子《なす》(茶入)とを献上しており、またこの年(永禄十二年)の七月から八月にかけて岐阜に下り、信長から大歓待されている。こうして和平派であった宗及・宗久らは信長政権の政商となった。

信長の茶頭　そんなころ、千宗易、幼名与四郎、のち居士号をもって利休を名乗る一世の茶人は「ヒツソク(逼塞)」中であった(『天王寺屋会記』)。同じく堺の茶人、松江隆仙(専)と不仲のためで、原因は、利休が百二十貫で求めた密庵咸傑《みったんかんけつ》(宋の禅僧)の墨蹟を偽物といって誉めなかったのに立腹したといわれる(『茶道四祖伝書』利休伝)。この不仲は一年以上も続き、宗及らのとりなしで、永禄十三(一五七〇)年二月三日朝の宗易会、同十一日朝の隆仙会と、それぞれ喧嘩相手を招いての茶会がもたれ、不仲に終止符を打っている。逼塞中とはいっても、矢銭問題で堺の町が揺れ動いていたころ、宗及や宗久らが連日催していた茶会には出席することがあり、永禄十二年正月三日の宗久茶会には、宗及・武野宗瓦とともに、利休も招かれている。やがて信長の茶頭となる三人が寄合っているわけで、利休もまた和平派に属していたことがわかる。

京都や奈良にも茶人はいたであろうに、信長の茶頭になったのが堺の町人だけであったのは、

茶頭(右上) 「調馬図屏風」(滋賀県多賀神社蔵)より

以前引き合いに出した名物道具の所有状況(一三三ページ)に端的に示される、堺のもつ卓越した経済力をいわゆる織豊政権が必要としたからに他ならない。そして納屋(今井)宗久も天王寺屋(津田)宗及も、基本的には政商であり、茶の湯はその手段であったと見るべきである。したがって時折り参向する程度で、常時信長に近侍したわけではない。しかし利休の立場は少し違っていたようである。残された書状に、初期には政商としての働きをしたと思わせるものがあるが、商人としての規模が前二者に及ばなかったこともあって、むしろ側近としての立場をとるようになる。したがって茶頭として接する度合いも他の二人よりは大であった。

この立場は次の秀吉時代にも引きつがれており、それが利休の悲劇にも深くかかわることになる。

いささか冗漫な導入となったが、本節ではこうして登場した町人茶頭、ことに千利休の茶の湯史上の役割を通してこの時期に確立したわび茶の湯の特質を考え、もって本章の纒めともしたい。なおここには利休の足跡を具体的に辿る余裕はないので、それらはあげて桑田忠親、芳賀幸四郎氏などの著わされた『千利休』その他一連の著作にゆだねたい。わたくしも『千利休』(NHKブックス)で利休像の一端を探ったことがある。

城館と山里

十六世紀に入ってから急速に展開した新しい茶の湯が、それまで武家社会で形成された書院茶の湯にかわる理念と内容をもって三都を中心とする町衆間にひろまったことは、すでに再三述べたところであるが、町人茶頭の起用は、いってみれば「市中の山里」のあるじが、「天守閣」のあるじに仕えるようになったことを意味している。これは単なる言葉の綾ではない。文字通り城郭建築のなかに山里が取り込まれて行くからである。天守閣の聳える城の一角が山里丸と呼ばれ、そこに数奇の座敷、草庵が営まれた。

もっともこういい方は多少の注釈を必要としよう。それは、書院茶の湯が室町幕府の殿中において典型的に発展したとしても、戦国期に入ると地方大名の間にもこれが受容され、米原正義氏の『戦国武士と文芸の研究』でも知られるように、戦国大名にとって能や連歌とともにに茶の湯の嗜みはごく普通の教養とされるものになるからである。たとえば駿府の今川義元は、天文十九(一五五〇)年正月、「御数奇屋の座」に武田信玄の使者を迎えて茶酒を振舞っているが(『甲陽日記』)、この義元のもとには武野紹鷗の師匠という「聚楽法印」なる「茶道功者」がいたとするのが、元禄六(一六九三)年に板行された『古今茶道全書』(巻の五)の説である。林屋辰三郎氏によって取り上げられ(『古典文化の創造』)、戸田勝久氏も注目した(『武野紹鷗研究』)この聚楽法印なる人物は、しかしながら全く謎に満ち、これ以外なんらの痕跡を残してはいない。

しかし城館と山里ということで想起されるのは、京中の邸内に山里庵を営み、その心を「都の隠家」の歌に託した豊原統秋も訪れた、越前足羽郡は一乗谷の朝倉屋形である。ここは昭和四十二年春以来、屋形跡の発掘調査が進められ、戦国大名やその被官たちの屋敷の規模や構造といったものが明らかにされつつあるが、それ以前から湯殿や諏訪館の址、あるいは南陽寺址に露頭する「奇巌奇石」群が、四百年も地中に埋もれて来た往時の風流をしのぶようすがにはなっていたのである。朝倉氏(義景)は天正元(一五七三)年八月、信長のために滅亡している。

『朝倉始末記』(巻六)はその転末を述べたあと、こう記している。

篠ノ小篠ヲ分テ入テ見レバ、古ノ鶴ノ間、猿猴ノ間、数奇ノ座敷ノ跡ヤラン、草茫茫トシテ蘇芝蘭茂合ヒ、郊原寂寞トシテ、ソコトモ知ラヌ傍ニ、奇巌奇石峙《そばだち》テ、細雨斜ニ降リ……。

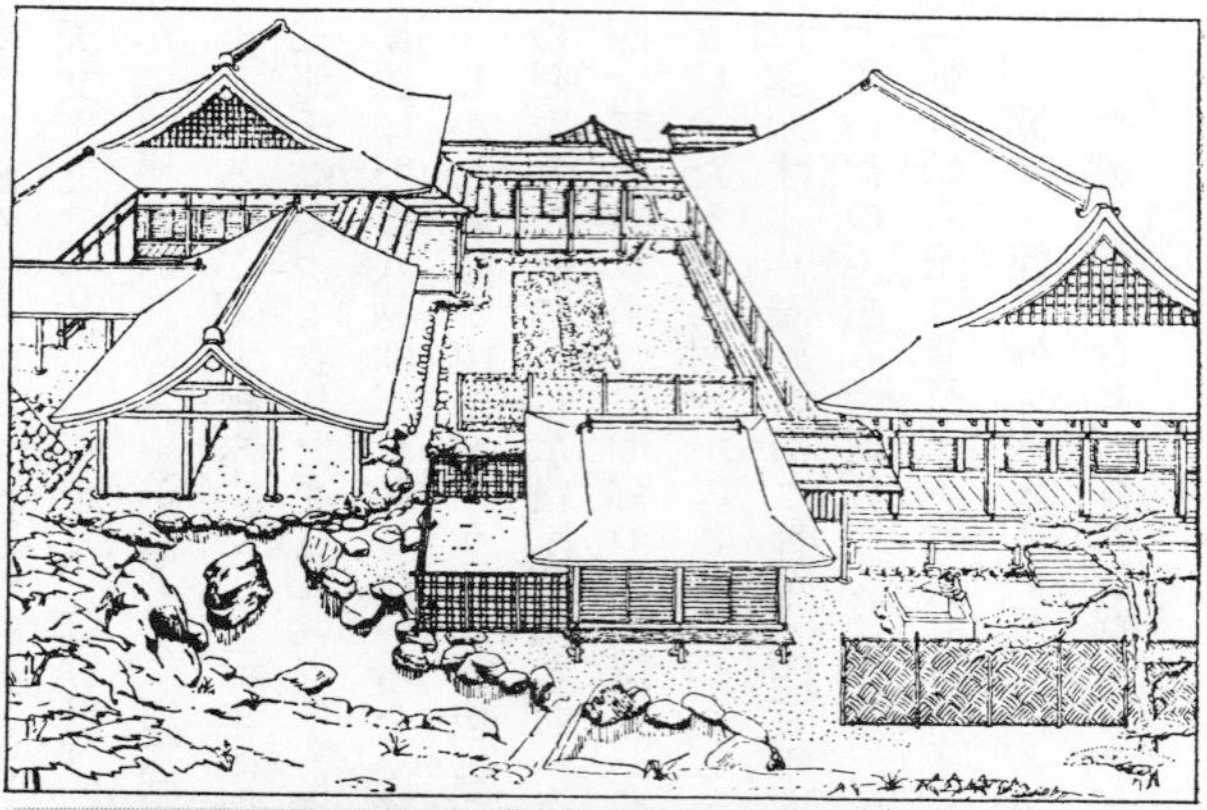

上は朝倉館跡推定復原図(『一乗谷朝倉氏遺跡Ⅰ』より)
下は，上図のうち「数奇の座敷」あとあたり

ここには現状の写真と発掘調査報告書にのせる推定復原図を掲げて、「鶴ノ間」「猿猴ノ間」といった書院の建物や、報告書もいうように書院造の系譜を引いていたと思われる「数奇ノ座敷」のたたずまいをしのんでみたい。館址の焼土層や井戸の中から多数の茶道具類も出土しており、ここ越南の都でも茶の湯の嗜まれていたことを示している。ちなみに同朋衆の三阿弥——能阿弥・芸阿弥・相阿弥——らは、もと朝倉氏の家臣中尾氏であったと伝えている。

今川氏や朝倉氏の屋形に営まれた「数奇の座敷」を「山里(丸)」と呼ぶことは、おそらくなかったろう。朝倉氏の場合でいえば、その越南の都そのものが山里に存在しているからである。城中あるいは居館のなかに設けられた数奇座敷群を山里(丸)と呼ぶのは、信長の安土城でも確認されてはおらず、どうやら秀吉が大坂城に営んだ山里が最初のようである。『天王寺屋会記』によると、天正十二(一五八四)年正月三日朝、「山里ノ御座敷開」きのため利休・宗及を招いた「秀吉様之御会始」めが行なわれている。

秀吉と利休

この事実から次のようなことが問題になろう。一つは、城館と山里といった対比の美学を発想したものは誰か、であり、二つは、城館——それを天守閣に象徴させてもよいし、その内部に描かれた障壁画を以てしてもよい——の豪華絢爛と、山里＝草庵の枯淡閑寂といった、相対立する美が併存した桃山時代の美意識をどう理解すればよいのか、である。

大坂城天守閣　城中の山里丸はこの城にはじめて登場

まず第一の問題については、あらかじめ解答が用意されているようであるが、直接的には秀吉が利休から受けた影響によるものであろう。秀吉は大坂城をはじめとして聚楽第・伏見城あるいは肥前名護屋城にも山里を設けている。信長生存中、「茶湯御政道」(一種の禁制)にも拘らず茶道具一式を与えられ、堺の茶頭たちと茶の湯を嗜むことを許されてからの秀吉の茶の湯執心はたいへんなもので、天正十五(一五八七)年十月一日に催した北野大茶湯も、その蒐集名物の展覧誇示が眼目であったといっても過言ではない。これには信長横死後そのまま引きついだ宗及・宗久や利休ら茶頭の影響が少なくないが、ことに側近として政治にも深く介入した利休の存在は絶大なものがあった。のちにこの両人の関係は悲劇で終るが、秀吉ほど利休を理解したものはいなかったといってよいのである。

第二の問題は簡単でない。ただそれを、極端に異質なものの同時的併存とか、日本の美における二つの流れを示すもの、といった解釈にとどめるならば、それは表面的な理解でしかないように思われる。むしろ矛盾するかに見える二つの美意識に共通するものはなにか、と問うことが必要ではなかろうか。そうすれば、すでに「市中の山里」がそうであったように、城館と山里とを結びつけているものが有徳の美意識であり、その共通する美意識に基づく異なった表現形態であったことも了解されてくるはずである。秀吉のなかに利休的なもの——山里はあったし、利休のなかに秀吉的なもの——城館がなかったとはいえない。

高麗物の登場

茶の湯の歴史に占める利休の位置を考えるのに、ここではかれの美意識を黒楽茶碗と小間の茶室に探ってみたい。

珠光の「心の文」は、十五世紀後半、唐物から倭物へ美意識が移ったことを示す文献であったが、しかし残されたものから推測するに、この時期の倭物はせいぜい水指・建水あるいは花入といったものが主で、茶碗にまで及んだとはいい難い。茶会に倭物国焼きの茶碗が登場するのは十六世紀後半の天正年間に降ってからである。それまでの時期に見られた著しい傾向は、高麗物の愛好である。

すなわち十六世紀に入ってから茶会記にしきりに登場するのが高麗物(茶碗)で、林屋晴三氏が茶会記について調査された結果によると、初見の天文六(一五三七)年から天文二十四年までの百八十九回の茶会に高麗茶碗は五回使用されているだけなのが、弘治年間(元年二月―四年二月)になると百二十四回の茶会で二十七回と増え、永禄元(一五五八)年二月から元亀三(一五七二)年七月までの十四年間では、八百二十八回の茶会に二百三十五回も登場する。そして天正年間に至れば、千三百回の茶会で用いられた高麗茶碗はじつに五百六十六回にものぼっているという。

高麗物――井戸茶碗や三島茶碗など――は唐物に比すれば麁相で冷えた美をもつが、といって国物とは違う。いわば「行《ぎょう》」(真・行・草の)の美をもつものであったといえよう。とすれば茶の湯の発展のなかで現われた茶陶への好みは、唐物に対して倭物が見出され、ついで高麗物あるいは唐物写しの国物が珍重されるといった変化、換言すれば真―行―草ではなく、真―草―行という展開を遂げたことになる。真に対して先ず草が現われ、ついで両者を綜合する形で行が出てくるのは、まさしく正―反―合という弁証法的な展開であったといえる。

利休の茶碗を述べるのに高麗物のことを述べたのは、利休の茶陶への関心が高麗物に触発されたと見られるからである。茶碗の創作が、一種の高麗写しの形ではじまっているように思われる。

上は井戸茶碗，下は勾当

そり茶碗

それで注目されるのが、天正八(一五八〇)年十二月九日の利休茶会(客は津田宗及・山上宗二)にはじめて登場する「ハタノソリタル茶碗」である(『天王寺屋会記』)。ハタノソリタル茶碗とは口縁部の反った形の茶碗の意であろうが、同十一年二月十三日の宗二茶会に所見する「そり茶わん」(同前)と同じものであろう。

じつはこうした端反《はぞ》りが高麗茶碗の特徴の一つだったのである。しかしその注記がないのは倭物だったからである。宗二の「そり茶碗」については、宗二が天正七年十月十七日の茶会で用いている「赤色之茶碗」が留意される。林屋氏がいわれるようにこの赤色茶碗は、瓦師長次郎の初期茶陶の特色である赤茶碗、たとえば「道成寺」や「勾当」に代表される、いわゆる赤楽のことであろう。そしてこの推測を助けるかのように、これら道成寺・勾当はたしかに「そり茶碗」であった。宗二のこのとき用いた「赤色之茶碗」が四年後の「そり茶碗」と同一であるという証拠はないが、その可能性は十分にあるといってよい。なお赤茶碗は宗及も天正九年二月一日晩会に「あかひ茶碗」を用いて以来たびたび使用しているが、形はわからない。

このように見てくると、「ハタノソリタル茶碗」「そり茶碗」は、使用頻度の高まっていた高麗物に触発されるなかでつくり出された、国物の今焼《いまやき》茶碗であったことが推定されてくる。しかもこれをつくったのが、出身が朝鮮の瓦師、長次郎であったとすれば、高麗物の果した意味は二重写しで理解されて来よう。

ハタノソリタル茶碗が茶会記に登場した同じ年、天正八年の正月十四日、牧村長兵衛(利休七哲の一人)は安土城の屋敷で夜会をもち佐久間甚九郎・宗及の二人を招いているが、そのとき「ユガミ茶碗」を用いている。これがユガミ茶碗の初見であるが、宗及もこれに関心を持ったのであろう、天正十三年五月八日の茶会に用いたのは「志野茶碗ゆがミ茶碗」であった。宗及ばかりではない。当時の茶会記によればユガミ茶碗がしきりに登場し、世間の好みとなっていたことが知られる。しかもハタノソリタル茶碗の所見がせいぜい天正八―十三年の間に限られているのに対して、このユガミ茶碗は一向衰えることなく続き、慶長期に風靡する古田織部好みの茶碗――「ヒヅミ候也、ヘウゲモノ也」(『宗湛日記』慶長四年二月二十八日条)といわれた沓形《くつがた》茶碗――にまで及ぶのである。ユガミといいヒヅミといい、ともに変形《デフォルメ》の顕著な茶碗であった。

宗易形茶碗

ハタノソリタル茶碗を好んだ利休であるが、ユガミ茶碗に対してはどうだったか。利休遺愛と伝えるものに「島筋、一名天正黒茶碗」と呼ばれる沓形茶碗があり、箱書には「瀬戸黒茶碗」とあるものの長次郎焼かといわれており、それが『南方録』にいう「島筋黒茶碗」なら、利休もユガミ茶碗を用いていたことになるばかりか、逆にこの方が織部好みの沓形茶碗の祖型だったかも知れない、という見方も可能となる。しかしその後における利休の好みは、そうしたユガミを否定する方向で造型化されることになる。「宗易形の茶碗」と呼ばれた筒形茶碗がそれである。

この宗易形茶碗は、『松屋会記』天正十四(一五八六)年十月十三日条に、この日奈良の中坊源五郎会に用いられたものの中に「宗易形ノ茶ワン」とあるのを以て初見とするから、それ以前には造形化が終り、評判となっていたことが推測される。

従来、利休独自のものと思われていたこの筒形茶碗について、それは永禄から天正にかけて茶会記に所見する「瀬戸茶碗」にその祖型があったのではないかとする意見もある。利休のはじめの師であった北向道陳好みの「黄瀬戸」茶碗が、作振りにおいて長次郎の「大黒《おおぐろ》」(黒楽)と酷似していることに基づく議論である。傾聴に値する指摘と思われるが、さらに考えてみると、筒形茶碗そのものは高麗物のなかにもあったし、それを利休も所持していた(「三島桶」「浪速筒」など)。となれば先の瀬戸焼の筒形茶碗というのも、高麗写しであった可能性も十分にある。瀬戸天目というように唐物写しをつくった瀬戸窯で高麗写しがあっておかしくはないからである。そして利休による筒形茶碗の造型も、その瀬戸焼の亜流というのではなく、利休自身が高麗物に触発されたものと見る方が真相に近いのではあるまいか。そしてこの推測が成り立つとすれば、ここでも利休に与えた高麗物の影響が思われるとともに、そこからさらに独自のものに発展させた利休＝長次郎独自の作意が見られる。ロクロを用いない手捏《てつくね》の技法がそれであったことはいうまでもない。

しかしこの宗易形茶碗、ことに黒楽茶碗は、当時世間に流行していたユガミ茶碗を否定する

上は高麗筒形茶碗，下は利休大黒

ような形と色調を有していた。秀吉が黒茶碗を嫌ったという話は有名である。茶碗ではないが、あるとき利休は博多の豪商神谷宗湛に、「一、内赤ノ盆、赤ハ雑ナルコ、ロ也。黒ハ古キコ、ロ也」(『宗湛日記』)と語ったことがある。形も作意の勝ったユガミではなく、端正重厚を好んだ。してみれば好みの違いはひとり秀吉とだけでなく、世間一般との間にも生じつつあったのではないか。一挙に結論に至るようであるが、それを利休自身が意識し、ことさらおのれの美意識を主張したとき、世間は利休の目利や売買行為を不正なものとみなして「売僧《マイス》ノ頂上」といい、これがかれを賜死に追いやる原因となったのではなかろうか。

利休がかり　『長闇堂記』という、利休の活躍した時代に少年期を送り、そのご茶人として知られるようになった奈良春日神社の社家、久利権大夫利世の随筆のなかに、利休を秀吉が茶の湯の師匠として召してから、世の中はみな「宗易(利休)がかり」の茶になったこと、利休は華美を憎んでか、「わび」の戒めのための狂歌をよみ広めたこと、を述べ、後者の例として、

えり(襟)か(代)へてすみぞめ(墨染)ぬの(布)子色の綿帯たび(足袋)あふぎ(扇)あたら(新)しくせよ

振舞はごまめ(鱓)の汁にえび(海老)なます(鱠)亭主給仕をすればすむなり

という歌を二例あげ、それ以来世に「ねずみ色」がもてはやされるようになったとしている。

これが、いわゆる「利休ねずみ(色)」の由来であるが、この色は利休の好んだ、あの利休形の黒楽茶碗の色調ととけ合うものであり、利休の理想とした茶の湯の世界を象徴する色であった。それが世間で流行し、茶の湯はすべて「宗易がかり」(利休風)になったというのである。

しかし果してそうか。以前にも触れたように、げんにこの黒色を秀吉は好まなかったということについては、利休自身の証言がある。天正十八(一五九〇)年九月十日、博多の町人神谷宗湛と大徳寺の球首座《しゅそ》とを聚楽屋敷に招いた茶事で利休は、書院での台子の茶に黒茶碗を用いて点《た》てたのち、勝手から別の瀬戸茶碗を出して台子の上に置き、黒茶碗を片付けながらこういっているのである。「黒キニ茶タテ候事、上様(秀吉)御キライ候ホドニ、此分ニ仕候」(『宗湛日記』)と。利休が秀吉に殺される半年前のことで、両者の間の葛藤がこの時期すでにはじまっていたと見るわたくしは、この利休の言動に示される美意識の断絶に、利休の悲劇が顔をのぞかせているように思う。世の中すべてが「利休がかり」になったという『長闇堂記』の記述は、そのあたりのことを十分に見取っていないのではないか。

それどころか利休の美意識があの利休形黒楽茶碗として造形化されたころ、九州ではその反対のことが噂されていた。天正十六年三月、大友義統(宗麟の嫡子)に随行して上洛した宿老の浦上長門入道宗鉄が、同月五日秀吉の茶会に招かれた時の印象を、国許の若林中務入道道閑に書き送った書状のなかに、こんな一文が見えるのである(桑田忠親『定本利休の書簡』)。

其許にては宗易の作に候竹の蓋置《ふたおき》、又面桶《めんつう》、釣瓶《つるべ》、今焼茶碗、皆々すたり候由申候。いささかも誠にてはなく候。既に関白様御沙汰候間、御推量有るべく候。

むろんこれは利休好みの道具を秀吉が用いているのを見て、それらが廃れているという九州での噂をきっぱりと否定したものである。どういう根拠があってこういう噂が流れたのか明らかでないし、ままある浮説の類だったのであろうが、全盛期の利休にこういう噂があったことは、いささか気になるところではある。

小間の座敷　「世の中皆宗易がかり」といわれた時期の一面を、黒茶碗を例としてうかがってみたが、同様のことは利休の好んだ小間の茶室についてもあったのではなかろうか。『山上宗二記』によれば「宗易ハ京ニテ一畳半ヲ始テ作ラレタリ」とあり、四畳半の丈間を標準として来た茶室の規模を一挙に一畳半という小間にせばめている。聚楽屋敷に営んだ二つの茶室の一つが一畳半――ただしのち二畳に改めた(『宗湛日記』天正十八年十一月二十日条)――であったことを指し(いま一つは四畳半で、後年孫の宗旦が建てた又隠《ゆういん》に再現されているといわれる)、それは草庵化に徹した利休の作意、美意識をもっとも端的に表わすものであったといえる。

ところで聚楽第は天正十五(一五八七)年九月にほぼ完成し、秀吉はこの月の末大坂城から移っている。したがって旬日を出でずして開かれた十月一日の北野大茶湯は、この聚楽第の完成を記念した催しでもあったのである。それはともかく、先の茶席は、聚楽第内の葭屋町《よしや》に与えられた屋敷地に営んだものであるから、つくられたのは天正十五年のこととなるが、利休の小座敷としてはこれ以前につくられた山崎の妙喜庵待庵《たいあん》(二畳)を落すことはできない。

妙喜庵待庵

ただしこの待庵が利休の好んだ茶室とする確証はないし、つくられた時期も明確ではないが、妙喜庵と利休との関係や建築技法上の所見からも、現在のところ利休好みという伝承を否定する材料はないようであり、つくられた時期は天正十一年前後のことと考えられている。そうすると利休の小間への関心は、秀吉時代に入って間もなくという時期に昂揚したこととになる。それについて『山上宗二記』は、次のように述べ、名人ならぬ平人の模倣を戒めている。

当時ハ珍敷ケレドモ、是平人ハ無用也。宗易ハ名人ナレバ、山ヲ谷、西ヲ東ト、茶ノ湯ノ法ヲ破リ、自由セラレテモ、面白シ。平人ソレヲ其儘似セタラバ、茶湯ニテハ在ルマジキゾ。

「当時ハ珍敷ケレドモ」とあるが、これが「利休がかり」となった様子は、茶会記に小間の茶席が頻出するようになることで知られよう。しかし宗二の言をまつまでもなく、そのことと、そこにこめられた利休の理念がどこまで理解されていたかということとは、おのずから別個の問題であったろう。結果を先にいってしまえば、利休没後にはこうした小間の茶室は、「客人を苦しめるに似たり」という形で否定されてしまうからである。

直心の交わり

世間はともかく、利休自身は何を考えていたのか。それについては『江岑《こうしん》夏書』(逢源斎千宗左が養子随流斎宗巴に書き与えた備忘録、寛文三〔一六六三〕年)に次のような利休の言葉を伝えている。

一、四畳半ニハ客二人、壱畳半□(ニハ)客三人と休(利休)御申候。四畳半客二人尤成事ニ候。

あとの四畳半云々は江岑の感想であるが、それにしても四畳半には客二人が壱畳半だと三人というのは不条理といわねばならない。おそらくこの言葉にこめられた利休の真意は、広い茶室は狭く、狭い茶室は広く用いよということであり、さらにいえば、狭さを極限まで徹底すればもう狭さでなくなり、無限の空間なのだ、ということであろう。待庵についていえば室床《むろどこ》といった床の隅の柱を塗り込めることによって空間を広く見せる手法が用いられているせいもあって狭さを不思議と感じない。

利休が茶室を小間にした理由は、それを通して茶の湯における寄合性を追求することにあったと思う。茶の湯の空間を小さくすることによって、主客間の直心《じきしん》の交わりを期待したのであろう。

茶の湯は、「はしがき」でも述べたように、寄合性と儀礼性とを最低限度の成立要件とする。事実に即しても儀礼性＝茶礼は茶寄合の展開過程に形成された。その寄合性が茶室における主客の振舞い――一座建立のための一期一会の観念――にあるとするなら、小空間における直心の交わりこそ、寄合性の徹底であり、純粋化であるに違いない。小間の茶室は一期一会という寄合の倫理の造型的帰結に他ならなかった。利休の茶の湯がしばしば「求道的」といわれるゆえんである。

それにしても一畳半ないし二畳といった茶室は、日常生活には存在しない空間―非日常の虚構の空間といわねばならない。いわゆる「にじり口」を利休の創案とする確証はないが、利休によって意識的に用いられ、茶室の構成上不可欠の要素とされたことはまず間違いない。この

千利休像（部分，表千家蔵）

「にじり口」もまた、露地からの入口というだけでなく、日常性としての外界と茶室の内部＝虚構の空間とを断ち切る結界として考え出されたものであった。

茶の湯は日常性の芸能であるがゆえに、その日常性、つまり無原則な点茶・喫茶行為をする側面を、ある限度において断ち切らねばならない宿命をもっている。そのために案出されたのが茶礼であり、その場としての茶室、ことに小間の茶室であった。利休が追求したものも、それであろう。先の『長闇堂記』もいうように、利休はわび茶を説くのにしばしば狂歌を以てしたが、もっともよく引き合いに出されるものに、

茶の湯とはただ湯をわかし茶を点《た》てて呑むばかりなり本を(と)知るべし

というのがある。あらためて説明するまでもないであろうが、ここで利休がいっているのは、

茶の湯とて特別のことではない、ごく日常的な喫茶行為のなかに茶の湯の本質があるのだ、ということであろう。いわば茶の湯の日常性である。利休は身辺の生活雑具を種々茶の湯に用いている。

ところがその利休ほど、茶の湯の日常性を否定し、虚構性を追求したものもいない。しかしそれは、生活文化としての茶の湯が「生活」＝日常性と「芸術」＝虚構性という背反する二要素を同時的にもつ、というより、矛盾した要素をもつがゆえに存在しうる芸術形式である、ということを誰よりもよく知っていたからに他ならない。

茶の湯が利休によって大成されたということの意味はここにある。

四　茶と日本文化

1 「物」と「心」

長い喫茶の歴史のなかで、茶がどのように受容され(一章)、それを一つの文化形式に仕立てて行ったか(二章)、またその結果生み出された茶の文化の特質は何か(三章)、考えて来た。その到達点が利休によって完成された草庵茶の湯であったとは、論者によるニュアンスの差はあっても共通する認識であろう。その理由は前章で考察した通りである。いわゆる「わび茶」がこうしてでき上った。

「さび」と「わび」

茶の湯のもつ特質やさまざまな属性をひと言で表現するのに、われわれはしばしば「わび茶」という。したがっていま「わび茶」とは何か、と尋ねられたら、わたくしはここまで書き綴って来たことどもがその内容である、と答える以外にない。したがってここでは前章まで述べて来たことを承けながら、「わび」ないし「わび茶」について考え、終章としたい。

ところで「わび」といえばつねに引き合いに出されるのが「さび」であろう。しばしば「わび・さび」と連称され、「わびさぶ」というように結びつけられた形で用いられることもある。両者がきわめて近い類縁語であるからであるが、万葉以来、歌や歌論のなかの言葉としては、

「さぶ―さびし―さび」の方が「わぶ―わびし―わび」よりもはるかに多く用いられている。

「わぶ―わびし―わび」も「さぶ―さびし―さび」も、ともに本来あるべき姿でない状態、あるいはそれに触発されておこる感情をいう。そして前者が主として物質的な欠如からくる感情であるのに対して、後者は時間的な経過によってもたらされる変化の状態や心理をいい、いずれの場合もがんらいは否定的な意味で用いられていた。

ところが平安末期から鎌倉時代にかけて価値転換がおこる。わびしい生活、さびしい境涯を肯定するようになるのは、この時期遁世して山里に入った隠者や、旅に日々を送った遊行者の出現と深い関係があろう。かれらにとってわびしくさびしい生活こそ求めるところであったからである。ことに藤原俊成が西行の歌に与えた判詞で「さび」を評価したあたりが、歌論のなかに定着する契機となり、さび―さびしの用例も増加する。そのなかに言葉としては出て来ないが、定家の、

見わたせば花も紅葉もなかりけり浦の苫屋の秋の夕ぐれ(『新古今集』)

は、「さび」の境地を示す歌の典型とされた。しかしこの歌はまた紹鷗が「わび」の心を示したものとしてあげたことでも知られる(『南方録』)。「さび」と「わび」とがほとんど同じ意味で使われていたことの証左といってよいであろう。

そのご室町時代、連歌の世界でもっとも大きな影響を与えたのが心敬で、枯淡の境地をあら

わす「ひゑかれる」「ひゑやせる」あるいは「からびたる」「さむき」といった語とならんで「ひゑさびる」も用いられたが、これらが猿楽や田楽・茶の湯・立花などの世界にも取り入れられ、それぞれの芸能の理念の核とされた。村田珠光の「心の文」(「ひゑやせる、ひゑかれる」)しかり。『山上宗二記』によれば、三十歳まで連歌師であった武野紹鷗も茶の湯のあるべき姿として、「ヒエカレテカジカレ」といったとある。しかしこれらには「わび」はまだ出て来ない。

「さび」から「わび」へ

「わび」の昂揚は茶数奇(茶の湯)の盛行と密接な関係がある。『山上宗二記』で茶人を分けるのに、茶湯者・佗数奇・名人に分け、道具をもたないが志・作分・手柄の三つをもつ者を佗数奇(もしくは数奇者)といったとあり、このころからしきりに用いられるようになる。

はっきりしていることは、こうした「わび」の意識が昂揚するのは、町衆を中心とする都市民に茶の湯がひろまり、それにともなって道具所有が盛行するようになったのに対応していたという事実である。これは「わび」があくまでも「モノ」(物)に即して発現する感情であり、茶の湯が茶碗をはじめ道具を用いて行なわれ、モノから離れることができなかったことの表われに他ならない。こうしたいい方は、茶の湯やわびに対する皮相な理解というにとどまらず、ときには冒瀆であるといった非難を蒙るかも知れないが、モノへの欲求が強かったからこそ現われた美意識であり、しかもそれは(これが大事なところだが)、かつてのバサラそのままではない、その欲求ゆえに無一物の境地を求めるという抑制された美学であったことを直視するのでなければ、歴史的な考察を欠いた思弁、観念論に陥ってしまうだろう。わびは有徳の美意識であり、さらにいうなら贅沢の美学なのであって、無一物者には無縁の意識である。

このようにわびが終始モノと密接不可分の関係にあり主観的な関わりのなかに生じた意識であるのに対して、さびの方は、時間的経過によっておこるモノや場所の変化、たとえばそれは鉄がさびるであり、神さびた森であるように、モノと無関係というのではないが(それゆえにわびと同義に用いられ、複合されることもあったが)、対象からはなれてこれを見る、客観的、観照的な美意識として終始したように思われる。そのため、茶の湯の分野でも当初歌論の世界で唱えられていたひゑさびる、ひゑかれるといったさび系統の言葉を借用していたが、数奇の美意識を追求するなかでおのずからモノに即した美意識としてのわびと結びつき、固定されてしまうのは当然の成行きであったと思われる。というより茶の湯は、このわびを見出したとき、おのれの美学を確立したというべきであろう。これにともなってさびは後退する。

美意識から倫理へ

しかしわびとさびとは、その後の展開を見るとき決定的に違うところがある。それは、さびが観照的な美的観念として終始したのに対して、わびの方はそのなかに人間関係をふくむ倫理意識にまで進んだことである。「紹鴎侘びの文」は作者について疑問がないわけではないが、それを度外視しても当時のわび観がよく示されている。

侘と云ふこと葉は、故人も色々に歌にも詠いけれ共、ちかくは、正直に慎み深くおごらぬさまを侘と云ふ。一年のうちにも十月こそ侘なれ。定家卿の歌にも、

いつはりのなき世なりけり神無月誰がまことより時雨そめけん

とよみとりけるも、定家卿なればなり。誰が誠よりとは、心言葉も不レ及処を、さすがに定家卿に御入候。ものごとの上にもれぬ所なり。(後略)

わびを「正直に慎み深くおごらぬさま」とする紹鷗の理解には、宗祇など連歌師が唱えていた連歌制作の根本原理としての正直の論の影響が認められ(江藤保定「わび」栗山理一編『日本文学における美の構造』所収)、紹鷗の独創というものではなかったし、それは定家の歌を引き合いに出して説く「誠」についても同様であろう。しかし紹鷗の言説には珠光に見られない倫理性への志向性がある。

わびがなぜ正直・誠で慎み奢らぬ意となるのか、それなりの理由があろう。モノに触発されて現われる美意識であるだけに、慎み奢らないという心構えがまず要求され、その抑制のなかで正直や誠が説かれるに至ったものであろう。そしてこうした美意識の倫理化を促した要件として茶の湯のもつ寄合性があり、茶室という具体的な場を通して人間関係へと進んだと考える。その辺りのことについては一座建立の振舞を述べた折り考えてみた。

仏法との結びつき

さらにわびの倫理化をもたらしたもう一つの条件が、仏法との結びつきであったと思われる。やはり紹鷗に「門弟への法度」というのがあり、その中に、

数寄者といふは、隠者の心第一に侘びて、仏法の意味をも得知り、和歌の情を感じ候へかし。

という一文がある。紹鷗と和歌—歌論との関係の深さは、三条西実隆に定家の『詠歌大概』の序の講説を受けているとき忽然と悟るところがあった、という伝承もあり、げんに紹鷗自身三十歳まで連歌師であったことからも容易に察せられるところで、その立場からする理解(「和歌の情」)に宗教性(「仏法の意味」)を持ち込んだところに、紹鷗のわび論の特色があった。紹鷗が大林宗套《だいりんそうとう》に参禅し「一閑」の居士号を与えられたのは天文十八(一五四九)年、四十八歳の時である。この参禅は珠光の先例に倣うものであろうが、むしろその後における堺の町人たちの先例となったことの意味が大きい。その画像に「料知す、茶味、禅味に同じきを」と大林に着賛されたように、この時期には茶禅一味の意識は昂揚している。栄西の項で述べたように、抹茶法は禅院の世界にもたらされ、そこでの喫茶喫飯儀礼を母胎として成立したものの、当初から茶礼に宗教性がこめられていたわけではなかった。むしろ宗教界の方が茶数奇の発展に刺戟され自覚を促されたというべきかも知れない。そして『山上宗二記』が、「茶湯ハ禅宗ヨリ出タルニ依テ、僧ノ行ヲ専ニスル也。珠光・紹鷗、皆禅宗也」といったとき、茶の湯はもっぱら禅

宗で説明されるものとなっていたわけである。「小座敷の茶の湯は、仏法を以て修行得道する事也。家居の結構、食事の珍味を楽しみとするは俗世の事也。是仏の教、茶の湯の本意也」とは『南方録』が利休の言葉として記すところであるが、ここには利休の抱いた茶の湯理念の特質——求道性が端的に表現されている。

2 「道」の文化

道の芸能

紹鷗や利休のわびに認められる倫理性・宗教性は、生活(文化)の宗教化といえるし、宗教の生活(文化)化といってもよいであろう。芸能の思想といったものを考える場合、このような美意識をこえる倫理や宗教の導入は、わが国の芸能に顕著な特徴のように思われる。

同様の意味において、茶の湯を茶道、生花を花道というのから、剣道・柔道はむろんのこと、すべてに道をつけて呼ぶ「道」の思想も、善悪は別として、日本独特のものであろう。茶道の語は中世末には現われるが、一般化するのは十八世紀、江戸中期のことである。それをつけるだけである種の精神性が付与される、不思議な機能をもつのがこの「道」の字で、道理とか教義といった概念では把握し切れないものがある。その理由はそれが生活化された宗教とでもいえるものだからではなかろうか。

わが国の場合、なぜ芸能が「道《みち》」化したのだろう。そのことの意味の一端を代表的な道の芸能である茶の湯について考えておきたい。先にもふれたように茶道の語がひろまるのは江戸中期のことであるが、当時における茶の湯の状況から判断される「道」化の要件は、まず、それの広汎な普及という事実にあったように思われる。

ここで利休以後における茶の湯の流れを辿る余裕はないが、江戸時代における顕著な現象は、元禄期に最初の山を迎える茶の湯の大衆化で、そのことは、この前後に集中する茶書の出版にもうかがわれる（筒井紘一『茶書の系譜』）。

啓蒙茶書の出版

板本の茶書としては寛永三（一六二六）年に出版された『草人木』が早い例であるが、一般的な傾向としては元禄期に集中し、主たるものを列挙すれば次のようなものがある。山田宗徧『茶道便蒙鈔』（元禄三年開板）、同『茶道要録』（同四年）、同『利休茶道具図絵』（十四年）、遠藤元閑『茶之湯三伝集』（八年）、同『茶湯評林大成』（十年）、同『茶之湯六宗匠伝記』（十五年）、貝原益軒『茶礼口訣』（十二年）、久須見疎安『茶話指月集』（十三年）。これらのうち宗徧や益軒の書は、その立場上直接の読者は武士であったかと思われるが、『茶礼口訣』の序に、

其礼（茶礼）をしらざれば、宴会の席に臨みて、たけくいさめるつはものといへど、せんす

べもなく、恥らひて、見ぐるし。ここに、もとより、かたはし聞ける喫茶の式をのべて、茶礼口訣一巻とす。実《まこと》に識者のそしりをまぬかれかたしといへども、聊《いささか》、童蒙の助とならんかといふことしかり。

と述べているように、茶会で恥をかかないための最少限度の知識を教えようという、まさしく「童蒙の助」すなわち茶の湯の啓蒙書であった。宗徧の『茶道便蒙鈔』にも同様の意図が知られよう。著者は不明であるが、元禄六年刊の『古今茶道全書』のごときは、文字通り茶のすべてが図入りで書かれた代表的な茶書であった。

このような啓蒙的茶書の出版の盛行が、茶の湯人口の増大に支えられてのものであったことはいうまでもないが、花書や謡曲本などでも同様の傾向が見られたことから判断するに、これは元禄の新興町人を主体とする、わが国における最初の大衆文化時代の到来といってもよいものであった。

利休百年　しかも茶の湯の場合、その背景に元禄三(一六九〇)年が利休百回忌に当たるということで、利休があらためて回想され、それが一種のブームを惹き起こしていた形跡がある。筑前黒田藩の立花実山が貞享からこの年にかけて写し取ったという『南方録』全七巻の出現もそれであろう。本書は利休の言行をその高弟である堺南宗寺集雲庵の南坊宗啓が書き留めたというもので、のちには茶の「聖典」扱いされるようになるのであるが、本書の発掘過

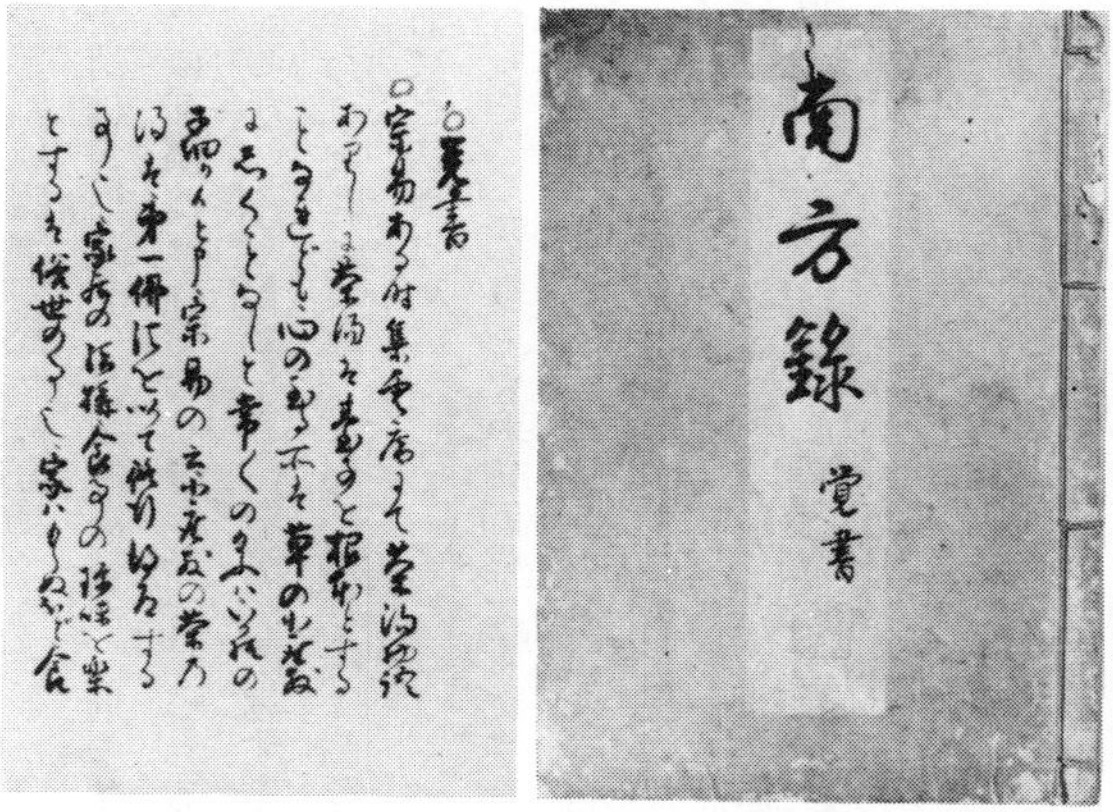

『南方録』(覚書の巻)の表紙と冒頭部分(福岡市円覚寺蔵)

程に感取される不自然さから、一方で実山らによる偽作説も早くから出され、いまに決着を見ていない。西山松之助氏は、実山らが新しい流派を開くにあたり、その拠を利休に求めてつくったもので、元禄三年に写本が完成したというのも、この年が利休百回忌に当たることを知った上での効果をねらったものだろうと考えられている。ちなみに実山は、黒田藩のお家騒動に巻き込まれて捕われの身となり、『梵字草』という獄中日記を残し、宝永五(一七〇八)年十一月、刺客に殺されている。

近世における利休の評価を知る上では、松尾芭蕉が『笈の小文』のなかで、

つひに無能無芸にして只此一筋に繋る。西行の和歌における、宗祇の連歌における、雪舟の絵における、利休が茶における、其

　貫道する物は一なり。しかも風雅におけるもの、進化にしたがいて四時を友とす。

と記した風雅論のなかに登場することが忘れられない。芭蕉が本書を執筆したのは、元禄四年嵯峨落柿舎滞在中のことであるが、前の年大津石山寺近くの幻住庵に入って書いた『幻住庵記』の初稿にほぼそのままの形で見られるのである。幻住庵に入る前、膳所《ぜぜ》で書いた『洒落堂記』のなかにも紹鷗・利休の名が所見するように、このころ芭蕉のなかに利休への関心が強くあったことはたしかで、わたくしには芭蕉の上にも元禄三年の利休が影を落していたように思われて仕方がない。

『源流茶話』の時代

　こうした利休回帰にも促されつつ広がりを見せた茶の湯界に、量的拡大にともなう質的低下が見られたのは自然の成行きであったといえる。かつて戦国時代の町衆が市中の山里に茶を喫した時代は、草庵茶礼の形成期であった。しかしここには量的な拡大しかなかったからである。当然のごとく茶の湯の現状に対する批判が出て来た。『源流茶話』を著わした藪内竹心《ちくしん》のごときはその急先鋒であったといえる。

　竹心はまずこういう。近頃茶書が沢山出されているが、それは「紙墨人力を費し、茶法に益なきのミにあらず。古人の情にたがひ、初心をまどハす事、尤なげかしき事也」と。これはいまでも聞くべき正論であろうが、その鋭い筆鋒は茶の現状に向けられ、「近世何《なに》流角《かど》流とて、枝より枝を生じ、枝流に我流を加へ、源流の清浄を汚濁にするたぐひ、なげかしき下流にて候」といい、さらにこういう。

古織（古田織部）・（千）宗旦・（小堀）遠州も、ミな茶道の達人にて、趣ハ一致に候へ共、気質の不同、才徳の次第有レ之、勝劣なき事あたはず。千英の花ハ実なく、実美なれば花実ならず。たとへバ、古織ハ実（美）なれども花よからず、遠州ハ花うるハしけれど実よからず、宗旦ハ竹の緑なれども花なきがごとくにて、おの〳〵其風体、かれを得れば是をうしなふに似たり。利休ハ作法・物ずきに到まで、枝葉相しげり、花実相かねて、他の宗匠達の瓜（爪）立及ばれぬ秀逸に候故、利休を賞翫候而、源を利休に汲給ひし事ニ候。

最後の言葉から本書の書名も生れるわけであるが、利休以後の茶匠たちはそれぞれ長所もあるが誰一人として十分ではない。完全なのはただ一人、利休だけであるとして、利休に戻ることを強調するのである。

しかしこの竹心の茶の湯論はそれにとどまらない。

茶湯ハ珍器の翫興、交筵の風情なるを、何ンぞや儒釈のをしへに比し、（茶湯が）身を修、人を教へ、心を養ふ道といふ事、一笑スベシ、など承り候へども（そういう意見があるが）、儒釈の道ハ、読書参禅の勤なければ容易《たやすく》知りがたし、（だから）市里の俗徒をして、君長に仕へ、朋友に交る道を知り、思ひを塵欲にけがさずして、しかも世法に正しく、身を質に、心を直《すなお》ならしむれバ、茶道ハ我朝世教の一路にして、尤儒釈に功有といふべき物也。

茶の湯は道具を弄ぶものでもなければ、社交のためでもない、儒釈の道を具現する「世教」である、それが「茶道」である、というのである。右に引用した前半部分から、茶の湯は遊興の類であるとし、そこに道徳性を持ち込むことに対して「一笑スベシ」と反発する空気もあったことが知られるが、竹心はそうした茶の湯の遊興性をほぼ完全に否定し、茶の湯を通して実現されるという倫理・道徳性を強調してやまない。そしてこうした意見から、「茶道」とは茶の湯のなかに倫理・道徳、ことに儒教的なそれが持ち込まれたときに成立するもの、という判断も可能となって来よう。それが利休に帰れと叫ばれた時代でもあったことを、十分認識しておく必要があろう。利休の茶聖化は、そういう時代背景のなかで進んだものに他ならない。

最後にもう一度この章の主題である芸能の思想性ということに立ち戻っておきたい。

生活文化の思想性

これまで本書で述べて来たことを要約するまでもなく、茶の歴史は、喫茶というごく日常的な行為にある種の虚構化を施して茶礼に仕立て、それを寄合の場で楽しむなかで発展したが、茶数奇の昂揚のなかで、さびやわびといった美意識が求められ、それはさらに一期一会といった倫理をふくむようになった。そこには文学(歌論)にかわる宗教(禅宗)の優越があった。そこまでが、せいぜい利休までの時代であったわけである。それが利休百年をへた十八世紀の初期になると儒教的な徳目をもってする倫理道徳が強調され、衆庶を導くための世教であるとまで意義づけられるようになる。茶の湯のもつ二面性、すなわち遊興性をホンネとすれば求道性はタテマエといってもよいが、世教とするのはそのタテマエの極みといってよい。茶道とするのがそれである。

それなら、茶の湯の茶道化は進歩であろうか。わたくしは必ずしもそうは思わない。華美な道具茶を否定し、清浄礼和を説くこと自体に誤りのあろうはずはないが、世教という考え方の中には愚民観がちらついている。利休が求めた茶の湯の窮極は主客直心の交わりにあったはずであり、一期一会は水平的な人間関係の倫理的帰結であった。しかし世教観はこのヨコの関係をタテの関係にしようとする意図をもつ。それは芸能の政治への従属といってもよい。ただ、竹心自身もいっているように、そうした考え方に反発する意見もあり、ホンネの世界がなくなったわけではないであろう。また竹心の考え方のひろがりを過大に見ることも禁物である。

それから、茶の湯の茶道化に代表される、こうした芸能の「道」化を、一方的に為政者的発想と見るのも正しい認識とは思わない。むしろ芸能に関与する者が好んで試みるところであり、「道」化するのはそれによって自分自身の立場を確立し、存在意義を確認するためであったといってよい。

日常茶飯事(日常性)を虚構化して嗜む茶の湯は、都市文化として確立した遊びの文化(形式)であるが、それはすぐれて現実主義的な体質をもつ日本人の芸能的表現であったといえる。ここで現実的という意味は、禅院を母胎とする茶礼を生活の場にとり込むなかで成立したという茶の湯の歴史が示すように、本来宗教的な意味をもって用いられ、存在していた墨蹟・絵画もその他の法具もすべて美的鑑賞と所有の対象となし、世俗化したことなどをいう。禅宗という教義を生活化したといってよいかも知れない。そこでは教義も思想もすべて生活のなかの風俗にしてしまっている。そしてこのような生活次元での受容、というより生活次元で変容してしまう能力は、生活の虚構化(それによって茶の湯は成立した)の裏返しであり、つまりは同じ体質に基づく現象であったと見る。すべてを「道」化するという精神主義的傾向と、色々な教義やイデオロギーを拡散し無実化する非宗教性、脱思想性とは、相反するようでありながら、じつは同じ体質に根ざす日本人の「思想」なのであった。いわば無思想の思想である。

おそらくこれは、この日本列島が極東文化の吹溜りとして、大陸文化をたえず受け入れ、そして出て行くことのないルツボとしてあったという長い歴史の知恵——諸文化の等価的移入と選択的摂取——であったと思われる。生活文化は、その歴史的帰結であった。この意味において茶の湯は、中世文化として成立したが、善きにつけ悪しきにつけ日本人および日本文化の特質を分有しているように思われる。

あとがき

田舎で母が茶と花を教えていた、そんな環境に育ったことから、いつとはなしに茶や花に関心をもつようになったわたくしであるが、茶の文化史あるいは文化としての茶の湯論を研究の課題とするようになったのには、一つの小さな、しかしわたくしにとっては大事な体験があった。

それはかれこれ二十五年も昔のことになる。そのころ伝統芸術の会というのが東京と京都にあり、京都では林屋辰三郎氏が主宰して毎月例会がもたれていた(この会はそのご発展的に解消してこんにちの芸能史研究会になる)。当時学生だったわたくしはその事務局で雑務を手伝っていた。

大徳寺の一塔頭で茶をテーマとする会をもった時のことである。講師の話が終り質疑応答に移ったところ、参会者の一人から、講師の説を痛烈に批判して、茶はどんな恰好をして飲んでもよいではないか、形にとらわれるのは無意味である、といった意見が出され、当日たまたま司会役を仰せつかっていたわたくしは、そのごの議論の進行や収拾に大汗をかくはめとなった。

その発言者こそ誰あろう、当時気鋭の岡本太郎氏であった。

いまにして思えばごく当り前の討議であったが、しかしこのときのことは強烈な印象として記憶に残り、以来わたくしの脳裏から消えることがなかった。茶はどんな風に飲んでもよいではないか、それをなぜ、という問いかけは、聞き流すことのできない、茶の湯の本質にかかわるものとわたくしには思われたのである。茶の湯が喫茶というごく日常的な行為に基づく以上、おそらくこうした疑問や批判はいつまでもついて廻るにちがいない。

茶の湯が日本的な文化の形式であり特質をもつものであるなら、茶の湯の弁護のためといったことではなしに、そうした疑問なり批判に答えうる茶の湯論を組み立ててみたい、というのが、こうしていつしかわたくしの課題となった。読者諸賢の御明察の通り、本書の「はしがき」の冒頭に記した問いかけは、じつは二十五年前に聞いたあの発言に他ならない。茶の湯を日常性と虚構性という観点から理解しようとした本書での試みは、ひとえにあの発言に触発され、それを意識してなされたものであるといってよい。ただ、論ずるところは利休までに限られ、それ以後に及ぶところがほとんどなかった。これは、紙数の関係というより、茶の湯がその形式と実体とをもつまでの過程の追究に重点を置いた結果であるが、それ以後における問題、たとえば家元制度のこと、男性にかわる女性の進出がもつ文化史的意味といったことについては、別の機会を得たく思う。

あとがき

本書は多くの方々の業績に負うている。ことに松下智・橋本実・小川英樹氏ら農学・育種学者を交えての研究会や国立民族学博物館での茶の共同研究会(代表者 守屋毅氏)で啓発されたことは少なくない。藤岡喜愛氏のナルコティックス論や橋本氏・林左馬衛氏らの研究データーを利用させて頂いたこともその一端で、金沢文庫・円覚寺・淡交社他多くの方々から、写真の提供を受け、あるいは掲載の許可を与えられたこととともに、記して謝意を表したい。数年前、東山文化というテーマで執筆を勧められた小川寿夫氏、それをこのテーマに改めて、遅筆のわたくしを鞭撻し脱稿にまで導かれた伊藤修氏のお二人には心から御礼申します。

一九七九年五月

著　者

村井康彦

1930年山口県生まれ
京都大学大学院文学研究科博士課程修了．文学博士
専攻－日本の古代・中世史，文化史
現在－国際日本文化研究センター名誉教授，滋賀県立大学名誉教授
著書－『古代国家解体過程の研究』(岩波書店)
『平安貴族の世界』『平安物語の世界』(徳間書店)
『平安京と京都』『武家文化と同朋衆』
『花と茶の世界』(三一書房)
『王朝風土記』『日本文化小史』(角川書店)
『千利休』(講談社学術文庫)
『京都史蹟案内』『日本の文化』(岩波ジュニア新書)
『出雲と大和』(岩波新書) 他

茶の文化史　　岩波新書(黄版) 89

1979年6月20日　第1刷発行 ©
2017年2月21日　第13刷発行

著　者　村井康彦《むらいやすひこ》

発行者　岡本　厚

発行所　株式会社 岩波書店
〒101-8002 東京都千代田区一ツ橋2-5-5
案内 03-5210-4000　営業部 03-5210-4111
http://www.iwanami.co.jp/

新書編集部 03-5210-4054
http://www.iwanamishinsho.com/

印刷製本・法令印刷　カバー・半七印刷

ISBN 4-00-420089-X　　Printed in Japan

岩波新書新赤版一〇〇〇点に際して

ひとつの時代が終わったと言われて久しい。だが、その先にいかなる時代を展望するのか、私たちはその輪郭すら描きえていない。二〇世紀から持ち越した課題の多くは、未だ解決の緒を見つけることのできないままであり、二一世紀が新たに招きよせた問題も少なくない。グローバル資本主義の浸透、憎悪の連鎖、暴力の応酬——世界は混沌として深い不安の只中にある。

現代社会においては変化が常態となり、速さと新しさに絶対的な価値が与えられた。消費社会の深化と情報技術の革命は、種々の境界を無くし、人々の生活やコミュニケーションの様式を根底から変容させてきた。ライフスタイルは多様化し、一面では個人の生き方をそれぞれが選びとる時代が始まっている。同時に、新たな格差が生まれ、様々な次元での亀裂や分断が深まっている。社会や歴史に対する意識が揺らぎ、普遍的な理念に対する根本的な懐疑や、現実を変えることへの無力感がひそかに根を張りつつある。そして生きることに誰もが困難を覚える時代が到来している。

しかし、日常生活のそれぞれの場で、自由と民主主義を獲得し実践することを通じて、私たち自身がそうした閉塞を乗り超え、希望の時代の幕開けを告げてゆくことは不可能ではあるまい。そのために、いま求められていること——それは、個と個の間で開かれた対話を積み重ねながら、人間らしく生きることの条件について一人ひとりが粘り強く思考することではないか。その営みの糧となるものが、教養に外ならないと私たちは考える。歴史とは何か、よく生きるとはいかなることか、世界そして人間はどこへ向かうべきなのか——こうした根源的な問いとの格闘が、文化と知の厚みを作り出し、個人と社会を支える基盤としての教養となった。まさにそのような教養への道案内こそ、岩波新書が創刊以来、追求してきたことである。

岩波新書は、日中戦争下の一九三八年一一月に赤版として創刊された。創刊の辞は、道義の精神に則らない日本の行動を憂慮し、批判的精神と良心的行動の欠如を戒めつつ、現代人の現代的教養を刊行の目的とする、と謳っている。以後、青版、黄版、新赤版と装いを改めながら、合計二五〇〇点余りを世に問うてきた。そして、いままた新赤版が一〇〇〇点を迎えたのを機に、人間の理性と良心への信頼を再確認し、それに裏打ちされた文化を培っていく決意を込めて、新しい装丁のもとに再出発したいと思う。一冊一冊から吹き出す新風が一人でも多くの読者の許に届くこと、そして希望ある時代への想像力を豊かにかき立てることを切に願う。

（二〇〇六年四月）

日本史

在日朝鮮人 歴史と現在	水野直樹・文京洙
京都〈千年の都〉の歴史	高橋昌明
唐物の文化史	河添房江
小林一茶 時代を詠んだ俳諧師	青木美智男
信長の城	千田嘉博
出雲と大和	村井康彦
女帝の古代日本	吉村武彦
聖徳太子	吉村武彦
秀吉の朝鮮侵略と民衆	北島万次
歴史のなかの大地動乱	保立道久
コロニアリズムと文化財	荒井信一
特高警察	荻野富士夫
中国侵略の証言者たち	岡部牧夫・荻野富士夫・吉田裕 編
朝鮮人強制連行	外村大
勝海舟と西郷隆盛	松浦玲
坂本龍馬	松浦玲
新選組	松浦玲
明治デモクラシー	坂野潤治
考古学の散歩道	田中琢・佐原真
古代国家はいつ成立したか	都出比呂志
王陵の考古学	都出比呂志
渋沢栄一 社会企業家の先駆者	島田昌和
前方後円墳の世界	広瀬和雄
木簡から古代がみえる	木簡学会編
中世民衆の世界	藤木久志
刀狩り	藤木久志
清水次郎長	高橋敏
国定忠治	高橋敏
江戸の訴訟	高橋敏
漆の文化史	四柳嘉章
法隆寺を歩く	上原和
正倉院	東野治之
平家の群像 物語から史実へ	高橋昌明
熊野古道	小山靖憲
シベリア抑留	栗原俊雄
戦艦大和 生還者たちの証言から	栗原俊雄
国防婦人会	藤井忠俊
東京大空襲	早乙女勝元
日本の中世を歩く	五味文彦
アマテラスの誕生	溝口睦子
中国残留邦人	井出孫六
証言 沖縄「集団自決」	謝花直美
幕末の大奥 天璋院と薩摩藩	畑尚子
金・銀・銅の日本史	村上隆
武田信玄と勝頼	鴨川達夫
邪馬台国論争	佐伯有清
歴史のなかの天皇	吉田孝
日本の誕生	吉田孝
沖縄現代史〔新版〕	新崎盛暉
戦後史	中村政則
環境考古学への招待	松井章
日本人の歴史意識	阿部謹也
飛鳥	和田萃

岩波新書より

都市 江戸に生きる　吉田伸之
幕末から維新へ　藤田覚

シリーズ日本古代史

農耕社会の成立　石川日出志
ヤマト王権　吉村武彦
飛鳥の都　吉川真司
平城京の時代　坂上康俊
平安京遷都　川尻秋生
摂関政治　古瀬奈津子

シリーズ日本近現代史

幕末・維新　井上勝生
民権と憲法　牧原憲夫
日清・日露戦争　原田敬一
大正デモクラシー　成田龍一
満州事変から日中戦争へ　加藤陽子
アジア・太平洋戦争　吉田裕
占領と改革　雨宮昭一
高度成長　武田晴人

ポスト戦後社会　吉見俊哉
日本の近現代史をどう見るか　岩波新書編集部編

岩波新書より

芸術

学校で教えてくれない音楽	大友良英
中国絵画入門	宇佐美文理
瞽女うた	ジェラルド・グローマー
東北を聴く	佐々木幹郎
黙示録	岡田温司
デスマスク	岡田温司
ボブ・ディラン ロックの精霊	湯浅学
仏像の顔	清水眞澄
ヘタウマ文化論	山藤章二
小さな建築	隈研吾
自然な建築	隈研吾
コルトレーン ジャズの殉教者	藤岡靖洋
雅楽を聴く	寺内直子
歌謡曲	高護
世界の音を訪ねる	久保田麻琴
四コマ漫画	清水勲
漫画の歴史	清水勲

琵琶法師	兵藤裕己
日本庭園	小野健吉
歌舞伎の愉しみ方	山川静夫
シェイクスピアのたくらみ	喜志哲雄
演出家の仕事	栗山民也
肖像写真	多木浩二
宝塚というユートピア	川崎賢子
東京遺産	森まゆみ
絵のある人生	安野光雅
日本の色を染める	吉岡幸雄
プラハを歩く	田中充子
コーラスは楽しい	関屋晋
日本絵画のあそび	榊原悟
イギリス美術	高橋裕子
ぼくのマンガ人生	手塚治虫
日本の現代演劇	扇田昭彦
日本の近代建築 上・下	藤森照信
日本の舞踊	渡辺保
千利休 無言の前衛	赤瀬川原平

やきもの文化史	三杉隆敏
色彩の科学	金子隆芳
仏像の誕生	高田修
マリリン・モンロー	亀井俊介
歌右衛門の六十年	中村歌右衛門 山川静夫
フルトヴェングラー	脇圭平 芦津丈夫
ヴァイオリン	無量塔蔵六
床の間	太田博太郎
日本の耳	小倉朗
水墨画	矢代幸雄
絵を描く子供たち	北川民次
名画を見る眼 正・続	高階秀爾
音楽の基礎	芥川也寸志
日本美の再発見〔増補改訳版〕	ブルーノ・タウト 篠田英雄訳

岩波新書より

宗教

高野山　松長有慶
密教　松長有慶
マルティン・ルター　徳善義和
教科書の中の宗教　藤原聖子
『教行信証』を読む 親鸞の世界へ　山折哲雄
親鸞をよむ　山折哲雄
国家神道と日本人　島薗進
聖書の読み方　大貫隆
寺よ、変われ　高橋卓志
日本宗教史　末木文美士
法華経入門　菅野博史
イスラム教入門　中村廣治郎
ジャンヌ・ダルクと蓮如　大谷暢順
キリスト教と笑い　宮田光雄
モーセ　浅野順一
蓮如　五木寛之
仏教入門　三枝充悳
お伊勢まいり　西垣晴次
慰霊と招魂　村上重良
国家神道　村上重良
お経の話　渡辺照宏
日本の仏教　渡辺照宏
仏教〔第二版〕　渡辺照宏
内村鑑三　鈴木範久
親鸞　野間宏
禅と日本文化　鈴木大拙 北川桃雄 訳

心理・精神医学

トラウマ　宮地尚子
自閉症スペクトラム障害　平岩幹男
自殺予防　高橋祥友
だます心 だまされる心　安斎育郎
痴呆を生きるということ　小澤勲
〈こころ〉の定点観測　なだいなだ編著
純愛時代　大平健
やさしさの精神病理　大平健
豊かさの精神病理　大平健
快適睡眠のすすめ　堀忠雄
精神病　笠原嘉
生涯発達の心理学　高橋惠子 波多野誼余夫
心病める人たち　石川信義
コンプレックス　河合隼雄
日本人の心理　南博

岩波新書より

哲学・思想

〈運ぶヒト〉の人類学　川田順造
哲学の使い方　鷲田清一
ヘーゲルとその時代　権左武志
柳　宗悦　中見真理
人類哲学序説　梅原　猛
加藤周一　海老坂武
哲学のヒント　藤田正勝
空海と日本思想　篠原資明
論語入門　井波律子
トクヴィル　現代へのまなざし　富永茂樹
和辻哲郎　熊野純彦
西洋哲学史　古代から中世へ　熊野純彦
西洋哲学史　近代から現代へ　熊野純彦
現代思想の断層　徳永　恂
宮本武蔵　魚住孝至
いま哲学とはなにか　岩田靖夫
西田幾多郎　藤田正勝
善と悪　大庭　健
丸山眞男　苅部　直
世界共和国へ　柄谷行人
悪について　中島義道
ポストコロニアリズム　本橋哲也
ハイデガーの思想　木田　元
現象学　木田　元
私とは何か　上田閑照
戦争論　多木浩二
キケロ　高田康成
プラトンの哲学　藤沢令夫
術語集 II　中村雄二郎
術語集　気になることば　中村雄二郎
臨床の知とは何か　中村雄二郎
哲学の現在　中村雄二郎
マックス・ヴェーバー入門　山之内　靖
近代の労働観　今村仁司
民族という名の宗教　なだいなだ
権威と権力　なだいなだ
戦後ドイツ　三島憲一
ニーチェ　三島憲一
「文明論之概略」を読む　上・中・下　丸山真男
日本の思想　丸山真男
近代日本の思想家たち　林　茂
文化人類学への招待　山口昌男
生きる場の哲学　花崎皋平
死の思索　松浪信三郎
イスラーム哲学の原像　井筒俊彦
孟子　金谷　治
知者たちの言葉　斎藤忍随
プラトン　斎藤忍随
朱子学と陽明学　島田虔次
デカルト　野田又夫
ソクラテス　田中美知太郎
現代論理学入門　沢田允茂
哲学入門　三木　清

岩波新書より

政治

- 多数決を疑う 社会的選択理論とは何か　坂井豊貴
- 集団的自衛権とは何か　豊下楢彦
- 安保条約の成立　豊下楢彦
- 集団的自衛権と安全保障　豊下楢彦・古関彰一
- 外交ドキュメント 歴史認識　服部龍二
- 日米〈核〉同盟 原爆、核の傘、フクシマ　太田昌克
- 日本は戦争をするのか　半田滋
- 「戦地」派遣 変わる自衛隊　半田滋
- 自衛隊 変容のゆくえ　前田哲男
- アジア力の世紀　進藤榮一
- 民族紛争　月村太郎
- 自治体のエネルギー戦略　大野輝之
- 政治的思考　杉田敦
- 現代日本の政党デモクラシー　中北浩爾
- サイバー時代の戦争　谷口長世
- 現代中国の政治　唐亮
- 政権交代論　山口二郎
- 戦後政治の崩壊　山口二郎
- 日本政治 再生の条件　山口二郎編著
- 戦後政治史〔第三版〕　石川真澄・山口二郎
- 日本の国会　大山礼子
- 〈私〉時代のデモクラシー　宇野重規
- 大臣〔増補版〕　菅直人
- 生活保障 排除しない社会へ　宮本太郎
- 「ふるさと」の発想　西川一誠
- 政治の精神　佐々木毅
- ドキュメント アメリカの金権政治　軽部謙介
- 民族とネイション　塩川伸明
- 昭和天皇　原武史
- 沖縄密約　西山太吉
- 市民の政治学　篠原一
- 日本の政治風土　篠原一
- 東京都政　佐々木信夫
- 政治・行政の考え方　松下圭一
- ルポ 改憲潮流　斎藤貴男
- 市民自治の憲法理論　松下圭一
- 岸信介　原彬久
- 自由主義の再検討　藤原保信
- 海を渡る自衛隊　佐々木芳隆
- 人間と政治　南原繁
- 近代の政治思想　福田歓一

岩波新書より

経済

ポスト資本主義 科学・人間・社会の未来	広井良典
日本の納税者	三木義一
タックス・イーター	志賀櫻
タックス・ヘイブン	志賀櫻
コーポレート・ガバナンス	花崎正晴
グローバル経済史入門	杉山伸也
アベノミクスの終焉	服部茂幸
新自由主義の帰結	服部茂幸
新・世界経済入門	西川潤
金融政策入門	湯本雅士
日本経済図説〔第四版〕	宮崎勇・本庄真・田谷禎三
世界経済図説〔第三版〕	宮崎勇・田谷禎三
WTO 貿易自由化を超えて	中川淳司
日本財政 転換の指針	井手英策
日本の税金〔新版〕	三木義一
成熟社会の経済学	小野善康
景気と経済政策	小野善康
平成不況の本質	大瀧雅之
原発のコスト	大島堅一
次世代インターネットの経済学	依田高典
ユーロ 危機の中の統一通貨	田中素香
低炭素経済への道	諸富徹・浅岡美恵
「分かち合い」の経済学	神野直彦
人間回復の経済学	神野直彦
グリーン資本主義	佐和隆光
市場主義の終焉	佐和隆光
消費税をどうするか	小此木潔
国際金融入門〔新版〕	岩田規久男
金融入門〔新版〕	岩田規久男
ビジネス・インサイト	石井淳蔵
ブランド 価値の創造	石井淳蔵
グローバル恐慌	浜矩子
金融商品とどうつき合うか	新保恵志
金融NPO	藤井良広
地域再生の条件	本間義人
経済データの読み方〔新版〕	鈴木正俊
格差社会 何が問題なのか	橘木俊詔
シュンペーター	伊東光晴・根井雅弘
ケインズ	伊東光晴
現代に生きるケインズ	伊東光晴
景気とは何だろうか	山家悠紀夫
環境再生と日本経済	三橋規宏
人民元・ドル・円	田村秀男
社会的共通資本	宇沢弘文
経済学の考え方	宇沢弘文
経営革命の構造	米倉誠一郎
経済論戦	川北隆雄
アメリカの通商政策	佐々木隆雄
戦後の日本経済	橋本寿朗
共生の大地 新しい経済がはじまる	内橋克人
思想としての近代経済学	森嶋通夫
アメリカ遊学記	都留重人

岩波新書より

社会

戦争と検閲 石川達三を読み直す　河原理子
生きて帰ってきた男　小熊英二
地域に希望あり　大江正章
地域の力　大江正章
遺骨 戦没者三一〇万人の戦後史　栗原俊雄
フォト・ストーリー 沖縄の70年　石川文洋
ルポ 保育崩壊　小林美希
アホウドリを追った日本人　平岡昭利
朝鮮と日本に生きる　金時鐘
被災弱者　岡田広行
農山村は消滅しない　小田切徳美
復興〈災害〉　塩崎賢明
「働くこと」を問い直す　山崎憲
原発と大津波 警告を葬った人々　添田孝史
縮小都市の挑戦　矢作弘

福島原発事故 被災者支援政策の欺瞞　日野行介
日本の年金　駒村康平
食と農でつなぐ 福島から　岩崎由美子・塩谷弘康
過労自殺〔第二版〕　川人博
金沢を歩く　山出保
ドキュメント 豪雨災害　稲泉連
希望のつくり方　玄田有史
親米と反米　吉見俊哉
人生案内　落合恵子
ひとり親家庭　赤石千衣子
女のからだ フェミニズム以後　荻野美穂
〈老いがい〉の時代　天野正子
子どもの貧困　阿部彩
子どもの貧困 II　阿部彩
性と法律　角田由紀子
〈ヘイト・スピーチ〉とは何か　師岡康子
生活保護から考える　稲葉剛
かつお節と日本人　宮内泰介・藤林泰

家事労働ハラスメント　竹信三恵子
ルポ 雇用劣化不況　竹信三恵子
福島原発事故 県民健康管理調査の闇　日野行介
電気料金はなぜ上がるのか　朝日新聞経済部
おとなが育つ条件　柏木惠子
在日外国人〔第三版〕　田中宏
まち再生の術語集　延藤安弘
震災日録 記憶を記録する　森まゆみ
原発をつくらせない人びと　山秋真
社会人の生き方　暉峻淑子
豊かさの条件　暉峻淑子
豊かさとは何か　暉峻淑子
構造災 科学技術社会に潜む危機　松本三和夫
家族という意志　芹沢俊介
ルポ 良心と義務　田中伸尚
靖国の戦後史　田中伸尚
日の丸・君が代の戦後史　田中伸尚
憲法九条の戦後史　田中伸尚